复旦大学文史研究院
中华书局编辑部 编 | 复旦文史讲堂之九

FUDAN WENSHI JIANGTANG

远乘诸邻

中华书局

图书在版编目(CIP)数据

远采诸邻/复旦大学文史研究院编. —北京:中华书局,2022.3
(复旦文史讲堂)
ISBN 978-7-101-15567-9

Ⅰ.远… Ⅱ.复… Ⅲ.社会科学-文集 Ⅳ.C53

中国版本图书馆 CIP 数据核字(2022)第 024134 号

书　　名	远采诸邻
编　　者	复旦大学文史研究院
执行编者	梁辰雪
丛 书 名	复旦文史讲堂
责任编辑	孟庆媛
出版发行	中华书局 (北京市丰台区太平桥西里38号　100073) http://www.zhbc.com.cn E-mail:zhbc@zhbc.com.cn
印　　刷	三河市航远印刷有限公司
版　　次	2022年3月北京第1版 2022年3月第1次印刷
规　　格	开本/710×1000 毫米　1/16 印张 14½　插页 2　字数 192 千字
国际书号	ISBN 978-7-101-15567-9
定　　价	76.00元

序

本书是"复旦文史讲堂"的第九辑，是2013年5月至12月复旦大学文史研究院举办的八场演讲的全记录。这八场演讲的七位演讲者分别来自美国、英国、日本和中国香港，他们分享了各自所在领域的前沿研究成果，内容涉及新清史、比较文学、宗教、戏曲和文化交流等方面。

如何提出有意义的问题构成人文研究的关键，欧立德教授的演讲从一个问题出发："传统中国是一个帝国吗？"并由此延伸去探讨与之相关的问题："把中国当成帝国"这种观念在西方是如何出现的，而这种观念在晚清中国又是如何被接受的。田海教授则从其《讲故事》一书出版后的遭遇提出问题：为什么没有更多的人研究这个题目呢？为什么没有更多的人注意到我的书呢？为此他也试图追问涉及史实、史料及方法的问题——"中国的女巫在哪里？"罗柏松教授的演讲则关注到以往佛教史研究中较少涉及的问题——过去的宗教信仰的场所——寺庙，和现代科学的场所——医院，它们之间有没有一些能够互相沟通、互相转化的这样的一些问题。

不仅如此，各自研究所引发的问题，往往也是学者们在演讲中愿意加以回应的。欧立德教授在演讲中对于新清史的背景和主要的理论和成果略加说明后，主要介绍了中国大陆学界对此的回应，并就这些回应的性质和意义进行了讨论。而如何拓展研究视野及方法论的问题，也是学者在演讲中经常涉及的话题。夫马进教授演讲中涉及的洪大容，韩国学者主要从民族自尊和近代主义的角度去讨论，而他主要致力于将洪大容由虚到实的思想放在东亚三个国家的思想史的环境中去讨论。陶德民教授演讲主要涉及内藤湖南,试图重建1913年内藤湖南对中国的文化认同与政治指点所涉及的基本史实。方法论方面,博达伟教授主要阐明在近代早期文学研究中需要一种可称之为"类比性比较"的新的比较方法。这种方法在研究不同文化背景的文学作品时可以发挥作用,且对于世界文学研究不无意义和影响。郑培凯教授也从方法论意义上介绍了他对于研究戏曲史时会经常接触到的文献的解读,尤其是将此置于非物质文化的传承上,应该怎么看。

章　清
2021 年 10 月 3 日

目 录

(1)
新清史的影响与回应
主讲人：欧立德（Mark C. Elliott）
主持人：葛兆光
时　间：2013 年 5 月 6 日

(27)
作为"帝国"的传统中国
主讲人：欧立德（Mark C. Elliott）
主持人：葛兆光
时　间：2013 年 5 月 7 日

(57)
对"比较"的再思考——以近代早期中英讽刺文学为中心
主讲人：博达伟（David Porter）
主持人：董少新
时　间：2013 年 6 月 14 日

(87)
中国的女巫在哪里
主讲人：田海（Barend J. ter Haar）

主持人:余欣

时　　间:2013年10月8日

(123)

"疯狂"的佛教史:从佛教寺院到精神病院

主讲人:罗柏松(James Robson)

主持人:葛兆光

时　　间:2013年10月9日

(151)

燕行后的朝鲜洪大容与《医山问答》的诞生:一个东亚交流史的个案

主讲人:夫马进

主持人:葛兆光

时　　间:2013年10月16日

(173)

王羲之的仆人、熊希龄的顾问——1913年内藤湖南对中国的文化认同与政治指点

演讲人:陶德民

主持人:陈正宏

时　　间:2013年11月5日

(195)

南戏四大声腔与花部乱弹

演讲人:郑培凯

主持人:杨志刚

时　　间:2013年12月10日

新清史的影响与回应

主讲人：欧立德（Mark C. Elliott）
主持人：葛兆光
时　间：2013年5月6日

欧立德(Mark C. Elliott)

哈佛大学东亚语言与文明系讲座教授、哈佛大学历史与东亚语言博士委员会主席,主要研究领域为清史、内陆亚洲史,是北美汉学界"新清史"研究的重要学者。著有《满洲之路:八旗制度与清代的民族认同》(*The Manchu Way: The Eight Banners and Ethnic Identity in Late Imperial China*, 2001),合编《新清帝国史:清朝在承德建立的内陆亚洲帝国》(*New Qing Imperial History: The Making of Inner Asian Empire at Qing Chengde*, 2004)、《镶红旗档案:清代八旗研究指南及东洋文库所藏史料目录》(*The Archives of the Bordered Red Banner: Research Guide to the Qing Eight Banners and Catalogue of Materials in the Toyo Bunko*, 2001)等。

葛兆光 | 复旦大学文史研究院院长、历史系教授,研究领域为中国宗教、思想和文化史。

葛兆光：

各位，我们今天非常高兴邀请哈佛大学东亚语言与文明系的欧立德教授来做报告，报告内容是有关新清史研究的影响与回应。关于欧立德教授，我想我不需要太多的介绍，因为大家都知道，他是新清史研究的代表人物，他的著作像《满洲之路》(*The Manchu Way: The Eight Banners and Ethnic Identity in Late Imperial China*)、《乾隆皇帝》(*Emperor Qianlong: Son of Heaven, Man of the World*)这些书，好多人都在网上下载过。

欧立德：

我昨天在网上也下载了我的《满洲之路》一书。

葛兆光：

我先简单讲我对这个题目的理解。我想新清史研究无论你赞成还是不赞成，它都有一些很重要的影响力和结果。首先，它改变了我们以二十五史为脉络的，以中原王朝为主干的历史事实；其次，它促进对其他民族和一些宗教,尤其是藏传佛教在政治上的意义的理解;第三,我想它促进了对于多种语言,包括满、蒙、藏语言的资料的使用,推动了这些语言的研究和学习;最后,对我个人来说,非常重要的是,它一再提醒我们中国的学者,对于疆域、民族、宗教和复杂的认同关系的再一次反思。我想我在这里讲再多也没有用,应由主要的亲身经历者和参与者现身说法。所以,我们现在有请欧立德教授做报告。

欧立德：

谢谢葛教授,谢谢各位,今天感到非常荣幸能有机会来到复旦大学文史研究院演讲,这是我第一次到复旦大学来。不知道为什么,走了30年的时间才来。很高兴今天有机会看到漂亮的校园有这么多的植物,我们波士顿还很冷,早上只有4、5度,树上还没有叶子,到这来感到气候非常非常舒服。我首先要对葛兆光教授表示诚恳的谢意。自从两年前他到哈佛来演讲的时候,几次请我到上海,我一直没能来,这次终于成行,主要归功于他的支持和帮助,谢谢。另外我得谢谢文史研究院金秀英女士和段志强先生的各种帮忙和安排。最后还是谢谢各位同行今日的到来。我知道你们大家都很忙,在百忙中愿意抽出时间来听老外讲中国历史,真是太客气了。我今天准备讲50分钟左右,然后希望我们可以用更长的时间——提问的时间来谈一谈我们共同的兴趣和问题,用中文也好,用英文也可以,甚至也可以用中国满语,可是我的满语口语不是很好。

我这次演讲分成三个部分,第一部分我想稍微介绍下关于新清史的背景和主要的理论和成果。因为大家已经很熟悉此方面,所以我不准备讲太多。第二,是要讲一下对新清史的回应,主要是在中国大陆内的回应。我会提到一些人的具体看法和意见,说到新清史很多人有意见。第三,希望用一些时间讨论这些回应的性质和意义。通过这个分析来考虑我们历史学界,甚至整个中国史学界所面临的现状和未来。那么先讲新清史的背景。

最近30年,中国史学界一个引人注目的倾向是,原来相对冷清的清史成为史学界的热门。从事该领域学者数目之多、学术会议召开之频繁、发表论文数量之大，都居于史学诸学科之冠。在盛世修史的思想指导下，国家对清史纂修工程投入了空前巨大的人力和财力。回顾这30年清史的发展，成果也的确令人瞩目，原因何在呢？首先是大量近代档案文献的发现和出版，为研究提供了前所未有的基础。在此基础上，不仅研究领域大大拓展，部分专题研究有所深化，特别重要的是对西方理论与研究方法的借鉴和引进。这30年最为公认的突破性进展，诸如对明清江南经济、人口的研究，华南学派对人类史理论与实践的贡献，乃至对清代的乡村、宗族问题的研究，对下层社会史、形态史的研究都受到西方理论的影响。这些变化毫无疑问是国内学者与国外学者广泛交流与合作的结果，换一句话说，中国历史学特别是清史学慢慢地国际化、普世化、全球化。而全球化中的中国历史学面临新挑战，也可以说是新选择。在没有权威化的意识形态垄断学术话语的情况下，怎么解释，更具体地讲，如何看待王朝时代的中国历史？如何解释近现代史和所谓古代史之间的联系？诸如这类的问题还有很多，都提醒我们：这个选择也许不是新的而是旧的，是旧的辩论。这些问题很多方面和一百年以前中国知识分子所提出的问题有很多相同的地方；但是与一百年以前不同的是，现在参加这个辩论的不仅有很多华人学者，也有很多外国学者，而"中国历史的全球化"很好的证据是外国学者参加这个讨论，讨论变成了一种全球化的讨论。刚才我提到了华南学派的历史人类学，加州学派的江南经济学等新研究形式。总的来说，学界对于这种新的研究理论或者说史观的吸收，基本上是积极主动的，这从西方很多名词、术语和概念都在中国流行一时就可以看出来。但是，在这样一种潮流之下，却有一种不和谐音，那就是大致十六七年前，从美国兴起的所谓新清史。为什么说不和谐音呢？我想讲一个小故事。

大概3年以前，中国社会科学院历史所的同事请我到北京去演讲，题目是关于新清史的，和今天的题目有点像。在演讲的前一天，也就是我到北京的那一天，历史所的负责人把演讲取消了，然后也没有说原因，只是说因故取消。我有点莫名其妙,我的同事当然非常尴尬。因为社科院的另一研究单位愿意接待,最后总算是愉快。后来有人问原因是什么,他们说你不知道么,这个因故取消就是不跟你说原因是什么。我不知道是讽刺、心酸、好玩还是如何,去年刚好社科院自己的出版社出版的《清代政治与国家认同》这本书,就收录了我的新清史的这篇破文章。这样,我就开始思考讲座为什么会被取消,近代历史为什么会这样敏感?新清史到底触动了哪些问题,让大家或者某些人感觉如此紧张呢?如果我们能够回答这些问题,我想能够帮助我们更好地理解清史学界的全球化。那首先我还是介绍新清史的主要观点,一共有三点。

第一是,强调使用满语和其他少数民族语言的重要性。充分利用满文,还有满文以外的蒙古文、藏文、察合台语、台语以及云南的这些少数民族语言,当然清朝时候不用少数民族一词,这是现代的。用这样的档案来补充汉文档案的内容,是因为汉文档案不够丰富。此外,少数民族语言对于一些研究题目也是不可或缺的历史资料。像最近第一历史档案馆出版了一套新疆满文档案,好像有283本,我没有完全清点,但大概有40000多件档案都是满文,没有汉文也没有翻译,只有影印。我对我的学生说,以后要研究近代新疆历史的话,不懂满文就不能做得很好,非得用满文的资料不可。这不仅是语言的问题,也是以满洲及其他非汉人族群为主题进行研究的必要条件。这里我举个例子。这是历史系一个学生的博士论文,今年要写完,他写近代也就是18世纪中叶清代在准噶尔的那次大战,用了很多满文的录副奏折。我们一起看,像这种东西——乾隆朝满文的朱批奏折,光是朱批奏折就有接近50000件左右,这个录副奏折和朱批奏折有重复,当然也有不重复的,这种资料就非常非常丰富。蒙文、藏文、察合台文的没有满文的多,但也还是不少,是很宝贵的。

第二点是,强调满洲,所谓满洲因素的重要性。认为满洲人的族群认同对清朝的政治制度、统治政策起到了非常重要的作用,我是认同并持这种主张的。我们对清朝的少数民族统治之所以成功的解释,和正统的汉化论是不同的。我们新清史认为,不只是因为满洲人有所含化,不是汉化而是含化,不仅没有同化,而且保留了满族中特殊的族群认同才成功的。换一句话说,他们的确是受到明朝的影响,或者说受汉民族影响很深,但同时,也保留了自己特殊的因素,两者合并起来,我觉得是清朝之所以能成功的很重要的原因。

最后,是强调历史学全球化的视角。我的意思是说,我们新清史不是一个正式的学派,我的钱包里也没有清史学派什么的卡片。我们没有正式的什么会,只是非常偶然的。我们之间的争论也蛮多的,我们的看法有很多不一致。有很多人就相信我们写清代史要从世界史的角度来写,才有意思。我们不想这样跟别的研究清史的人谈话,我们希望可以和研究别的专业的人一起讨论历史的问题。要是这样做的话,你必须学会其他历史学家们用的语言。所以,我们希望,特别是以帝国这个专题来做一个比较历史的框架。有人比较相信 early modern,比如说前近代或近代史这个框架来进行比较研究。我明天讲帝国的问题,所以今天暂时不提这个。但是这种视角值得我们注意。我们重新讨论各种方法上的问题,包括断代法的问题。国内研究清史,好像在这方面有很大的障碍,也就是古代和近代的区分,刚好是 19 世纪中期。这给我们把近代当作一个整体主题带来了很大困难。我们要想把 19 世纪后半期之前的历史和之后的历史连在一起,这就等于是两个问题,两个专业。你选择清史,你必须选择专业是古代史的清史还是近代史的清史。这个区分,我觉得就妨碍了这方面一体化的思想。

然后讲新清史需要提到的一点是,它的一个指导思想是去中心化的一个倾向,这么一个工程。这里我引了一个 Joanna Waley-Cohen(卫周安)的话,在《清史研究》5 年前发表的文章,他就说明了这一点。

> 这一修正性认识的核心内容,就是新清史所揭示的:在清鼎盛之时,它并不视中原为他们帝国——远为辽阔的区域,包括了亚洲腹地的疆域:蒙古、西藏和东北(今天有时称之为满洲)和新疆——的核心,只是一个部分而已,尽管是一个非常重要的部分。

——卫周安著,董建中译:《新清史》,《清史研究》2008年第2期。原文载于 Joanna Waley-Cohen, "The New Qing History", *Radical History Review*, 2005.

至于新清史的东西和来源,我已经写过文章,这里就不赘述了。主要的原因有几个,和满文档案的新发现显然有关系;另外和西方史学理论的变化也很有关系,譬如说语言学转向(linguistic turn),还有后现代转向(postmodernity turn)、后殖民转向(postcolonial turn)、文化转向(cultural turn)、族群转向(ethnic turn)。虽然你不一定会因为时髦而完全跟着一个学者的转向而改变自己想法,但是还是会在某种程度上受到它的影响,我想这是一个因素。结果我们虽然还对兰克的历史证据的说法表示尊敬,现在很少有人相信他最有名的一项"盖史之所记,如其事而实书之,不参己见,并无偏倚",我们不相信这个了。我们已经不可追求历史的客观的事实,因为我们早就发现这个客观事实根本就不存在。历史学说的"相对化"算是这个发现的直接后果。它使我们都保持一种怀疑的心态,不愿轻易下任何定论,新清史只不过是这个趋势的一种小的表现。不管是从史料的角度来讲,还是从方法论的角度来讲,还是从历史的方向的角度来看,新清史在各个方面,都引起了比较热闹的争论。这个争论涉及到满洲统治性质的问题、族群认同与国家认同之间的摩擦、"汉化"与"含化"两个概念的区别、近代边疆历史与政策,还有非汉文的历史资料的实用性等等各种问题。目前,国内多数同行都承认,用满文资料来研究清史是应该的,我个人认为这已经是很大的一个进步。相比20多年以前,大概是我开始读这个专业的时候,认同的人越来越多。20多年以前我在北京读书的时候,我说我要用满文资料来研究清史,大家都觉得非常非常奇怪。你为什么要这样?何必呢?现在已经没人这么想了,这是一个很重要的变化。他们也认为一直到清末,满汉之间的区分还是应该注意的因素,这也是一个变化。因为原来你说到了清末满洲人还保持一个什么满族认同的因素,但是人们不会把它当真,因为谁都知道满族人已经被彻底汉化了,不存在什么认同的问题。现在多数人接受了认同的问题,一直到最后,甚至清被推翻之后,还是一个问题,这也是很大变化。但是新清史想把清朝说成不光是中国的王朝,也是含有近帝国结构性质的所谓满洲帝国。对一些清史专家来说,这未免太低估了,这个还是很多人无法接受的。是赞成还是不赞成新清史的这个论点或其他论点,我倒是觉得是次要的,但也不是无所谓的,主要是已经不像3年以前,更不要说30多年以前那样了。今天我们可以进行公开的、共时(real time)的讨论。不像以前费正清先生他写他的东西,20年以后中国学生再来讨论他的东西,这个不是共时的。我写东西,几个月以后,中国的同行们可以回应,这个是我觉得很好的一个改变,尤其是国内对新清史的兴趣,好像是越来越大。我查了中国期刊网全文数据库,最近3年以内,中国学术期刊登载的有关新清史的文章有140多篇,然后你要在数据库找文章的话,甚至可以用新清史做关键词。这就是很了不起的事情。3年前,华东师大有篇博士论文,专门讲新清史的起源和发展,就是党为的这篇文章,已经出书了①。去年12月份在台湾"中央"大学专门开了一个关于新清史的讨论会,叫作"清帝国性质研讨工作坊——新清史的重要性",对这本书主要是持否定的一个结论;豆瓣网上有专门针对新清史的小组;1月份,台湾"中央"研究院还创立了新清史研究读书会。这些都让我们认识到新清史的确找到听众了,产生了相当大的反应。我们现在看看这十年来的反应是怎么样的。

当初新清史是从1996年罗友枝和何炳棣先生关于汉化论的辩论开始的,因为这次论战比较激烈,参加的两个人都比较有名,且在美国最大的亚洲学期刊进行,很容易被注意到。我想你们都看了这些文章。因为触动了汉化论,所以引人瞩目。那时候还没有被称为新清史,只是在介绍罗友枝的观点,当中提到她所说的新的研究和让我们重新判断清王朝的重要性所在。这是其中一篇定宜庄文章的部分内容。

罗斯基反对将"清"与中国完全看作是一回事,她强调满族中心观,

---

① 党为:《美国新清史三十年》,上海人民出版社,2012年。

认为这对评价清帝国具有非常重要的意义。她认为,清朝能够在中国成功地维持了近 300 年的统治,主要原因并不是汉化,而是有效地利用了与内陆亚洲诸非汉民族的文化联系,从这点上说来,满族统治者是以中亚诸民族的大汗而并非中国传统王朝的皇帝身份出现的。她认为满族只是利用了儒家的很多东西而本身还是保留了诸多自己的特点。

——定宜庄:《对美国学者近年来研究中国社会史的回顾》,《中国史研究动态》2000 年第 9 期。

中国国内对新清史的回顾,始于这篇对美国学者近年来研究中国的社会史的回顾的文章。这是 2000 年出版的。我们从内容可以看出我们所熟悉的新清史的形式,至于这个内容你们可以自己看。我之前不知道 Evelyn Rawski 的中文名字,叫她罗斯基,后来才找到她的中文名字叫罗友枝。

这是前几年定宜庄写的另一篇文章,讲她对新清史的一些感想。她觉得新清史做出了很重要的贡献,尤其是在方法上很重要,这是她比较肯定的一个说法。我应该说明我跟定宜庄是很好的老朋友,23 年以前我们同时在写博士论文的时候,在北京认识的,那时候我们发现我们有共同的兴趣,就一直都保持联系。但不见得她就因此了解我,有时候她不喜欢我写的东西,我们常常会吵架。但这方面我还是说明一下,我们之间的个人关系很好。

清朝在中国历史上的最大功绩之一,是国家的统一和疆域的巩固,这早为学界公认,事实上当然也毫无疑义。但问题在于,仅仅停留在阐述和反复强调这个事实存在的层面上,还不能算作是真正的学术研究。我国的清史学界多年来却竟然没有意识到这一点,反而是美国学界通过何先生与罗友枝的这场辩论及其以后的不断探索,才使我们对这个问题的认识和思考较前深入了相当大的一步。

——定宜庄:《由美国的"新清史"研究引发的感想》,《清华大学学报》2008 年第 1 期。

第二个人我不认识,是南开大学的常建华。他这样写也是比较中肯。

他觉得新清史使以汉族为中心的立场得到重新思考。

> 究竟如何看待清朝,需要为清朝的历史重新定位。上述新的研究成果对我启发良多,窃意不可囿于汉族本位与满族中心的看法,对于清朝而言,建立维护国家存在的统治秩序才是目的,民族利益兼顾国家利益,或许从国家认同的角度看问题,有助于认识更加客观。
>
> ——常建华:《国家认同:清史研究的新视角》,《清史研究》2010年第4期。

刘文鹏的评论也是比较客观的。他表示肯定,同时也表达了一种怀疑。他说的有一点还是值得记得的:新清史把清史看作是满族史这样的研究,或者说满洲人的历史(Manchurian studies),这跟清朝的研究是两回事。其实新清史不想把清史说成是满洲史,至少我个人不是这么想的,而且在我书和文章里面,我尽量把这个观点说得明白。至于清朝不等于中国这种说法,待会讲黄兴涛的看法,我们会进一步讨论。

> "新清史"研究作为一种比较新的研究思潮,在很大程度纠正了过去汉化观一统天下、忽略清朝的满族特色的史学观,让我们能够发现满族在清代历史中的主体性地位,特别是大量满文和其他少数民族语言文字材料的使用,也使我们得以认识很多被历史文献掩盖了的历史的真实。然而,将清代历史仅仅归于满族的历史,忽视汉族的思想、文化在整个中国中的主体作用,甚至走到清朝不等于中国的极端上去,显然也有违于历史的真实。这也是国内学者在研究满族历史时与"新清史"学者们不同的一个方面。
>
> ——刘文鹏:《清朝的满族特色——对近期清代政治史研究动态的思考》,《清史研究》2009年第4期。

再来要讲人大的杨念群先生,他写的新清史的文章比较多,你看他早期写的文章,是比较否定的,后来就有一些改变,不是说完全接受,但是还是承认新清史有一些东西是值得考虑的。

如上所述,新清史研究突显了西北、东北区域以及其他边疆区域的重要性,重点申明了满洲族群的特殊性在维系统治过程中所起的关键作用,无异于是在实施与传统"中国"相分离的切割手术。他们表面上承认只是在平等尊重传统中国历史叙事的基础上强调内亚和满洲特性的意义,以期引起学界重视,因此有意挑明:内亚地带与中原、江南地区在清代历史上应该拥有同等重要的地位。

实际上,新清史却认为,西北的内亚地区并非和中原、江南一样同处于一个连续的历史共同体发展线索之内,因此无法也无意做出相同的叙述。结果,所谓内亚征服的历史和满洲特性所发挥的作用往往被抽离分割出了传统文明史的叙述框架,而被赋予了独立的意义,中原和江南的位置反而被边缘化了。……

……这些论述不能不说都颇具新意,但也可能犯了过度诠释的毛病,把清朝的平准平回战争与近代西方资本主义殖民的动机和做法混为一谈,显然是一种后殖民想象。因为清朝的战争理念是建立在传统大一统观念基础之上的,与建立在工业化时代的资源掠夺和社会控制之上的殖民逻辑毫不相关,如果把不同历史状态下的战争动机和规划设想生拉硬扯到一起,寻求其根本不存在的所谓相似性,同样是一种时代误置。

——杨念群:《超越"汉化论"与"满洲特性论":清史研究能否走出第三条道路?》,《中国人民大学学报》2011年第2期。

他这里面有一些话可以注意,就是新清史强调内亚和满洲特性,也就是内亚和中原、江南地区的关系,就像是葛老师说的一样,新清史把中心不只放在江南身上,在清代的时候江南和边疆一样的重要。我们看杨先生第二段的内容。"结果,所谓内亚征服的历史和满洲特性所发挥的作用往往被抽离分割出了传统文明史的叙述框架,而被赋予了独立的意义,中原和江南的位置反而被边缘化了。"这就是去中心化的结果,这当然不是所有人都能接受的观点,当然也是我们可以讨论的观点。另外第三段这点他的批评比较尖锐一些。这个我在关于新清史问题有讨论过,在下面黄兴涛的部分会详细说。他承认"满族是否认同中国"在以前不是个问题,现在成了问题。那这是不是值得讨论的问题呢?他认为不是,这仅仅是一种流行的观点。一旦有人把你的学说说成是流行或者时髦,你就要小心,这表示已经有问题了。毕竟我们要的不是时髦。

我们看到一个不得不面对这个问题,就是清朝和中国之间的认同问题。他讲我们提出这么一个严肃的问题而不给出一个准确的回答是研究历史不负责任的行为,我是这么理解他的想法的。我自己的想法是清朝和中国之间的关系是很复杂的,它的复杂与否不是我造成的,原本这就是个复杂的问题。我们从清末梁启超、康有为、谭嗣同、杨度、章炳麟等人的文章中可以看出,对他们来说这是个很棘手的问题。那当然对我们来说应该也是,否则的话就是我们不负责任。把当时很复杂的问题看成是一个很简单的问题、一个没有问题的问题,不是做历史的好方法。我很高兴他看了我的文章,真的很高兴,毕竟我在美国搞中国历史,美国人一般不管,对不对?美国人管的是美国历史,再者就是欧洲历史,中国历史不怎么能引起美国人的兴趣。我主要的听众(my audience)是在这里。真的,没有中国人愿意看我的东西,那才觉得不满意、不高兴。黄老师批评我的是我在台湾出版的一篇文章中的一段话。

> 清代满人是否认同与如何认同"中国"这在以往的国内学术界似乎不成问题,至少不是什么有意义的问题。但对于美国"新清史"来说,这却无疑是一个需要明确提出并给予认真回答的重要问题。因为在被称之为"新清史"的学者当中,喜欢像罗友枝那样笼统地强调整个清朝统治期内"大清国"与"中国"为两回事者,差不多已成为一种流行观点。

> 我们疑惑地看到,在不得不面对这个问题的时候,他们要么像罗友枝那样只是不耐烦地声言"谁都不否认满洲皇帝将他们自己描述成中国的统治者";要么像欧立德那样轻描淡写地承认:"满洲人有时也称他们的帝国为'中国',即使是称呼边疆地带。"

可事实上其关系意义真的仅止于此吗？满人上层只是将自己描述成"中国的统治者"或仅仅"有时"自称自己的国家是"中国"而已，还是入关以后或至少从康熙时代开始，就完全彻底地认同自己是"中国人"、认同大清就是"中国"的一个新朝代，也即认同自己统治的整个国土范围为"中国"？这的确是一个非常严肃的问题。

欧立德更是明确地表示："也许'新清史'要提出来的最大问题是，我们可否不经质疑地直接将清朝等同于中国？难道我们不该将其视为一'满洲'帝国，而中国仅是其中一部分？部分'新清史'的史家因此倾向在'清朝'与'中国'间划下一条界线，避免仅仅称呼清朝为'中国'，也不仅仅称呼清朝皇帝为'中国'皇帝。"

殊不知康雍乾时代及其以后的中国已非昔日的明代中国，而是被清帝、满人和汉人等其他族群共同认同、又加以再造过的中国。

——黄兴涛：《清朝满人的"中国认同"》，《清史研究》2011年第1期。

但是黄老师没有全部引，这些是我的原话。

也许新清史要提出来的最大问题是，我们可否不经质疑地直接将清朝等于中国？难道我们不该将其视为是一"满洲"帝国，而中国仅是其中一部分？部分新清史的史家因此倾向在"清朝"与"中国"间划下一条界线，避免称呼清朝为"中国"，也不称呼清朝皇帝为"中国"皇帝。

我在某种程度上赞同这样的看法，因为我认为这样的看法有助于让我们更敏锐地注意到大清帝国与中华民国（更不用说与中华人民共和国）是有不同政治目标的不同政治实体。……

虽然，我承认我同时也会担心把这条"清朝"与"中国"之间的界线画的太过明显。

——欧立德：《满文档案与新清史》，《故宫学术季刊》24卷第2期，2006年。

我觉得到这里为止，是不是断章取义，我不知道，我觉得还是应该全部引。我觉得我的想法和黄兴涛先生也不是那么的不一样。我们看了黄老师这样的一句话："殊不知康雍乾时代及其以后的中国已非昔日的明代中国，而是被清帝、满人和汉人等其他族群共同认同、又加以再造过的中国。"其实我和别的新清史同僚的意思是，我们要了解帝国到民国这个过程是怎么回事的话，不把大清国和中国这两个概念拆开，是不行的。也许是我们表达得不够恰当，但这就是我们基本观点。但他这么一写，似乎我们的观点变成了：清朝的中国是清朝的人再造出来的一个中国。

第六，我们来看马戎的观点，他并不是搞历史学的，他是搞宗教研究的。我和马老师比较熟悉，他根本不喜欢我的东西，这也说明认不认识我和喜不喜欢我的文章没有关系。

最近美国学术界流行"新清史"，论述元朝、清朝不是中国的王朝，是北方游牧民族的外来政权统治中国，这种说法当然违背历史事实。这种观点背后的真实含义是：假如清朝不是中国的王朝，那么中华民国、中华人民共和国延续清朝的疆域是没有根据的，现在把内蒙古、新疆、西藏等包括在领土内没有合法性。所以，美国人提出的"新清史"视角的背后有政治目的。

现在，国内有些清史学者已经在讨论和反驳美国的"新清史"研究。从国家的长远利益看，这是非常重要的事情，这里面包含着中国人如何掌握国际学术话语权的问题。

——郑茜、牛志男：《"'去政治化'的意思，就是要给少数民族更大的活动空间和更完整的公民权利！"——对话著名社会学家马戎教授》，《中国民族》2011年第9期。

"现在，国内有些清史学者已经在讨论和反驳美国的'新清史'研究。从国家的长远利益看，这是非常重要的事情，这里面包含着中国人如何掌握国际学术话语权的问题。"这句话我们待会再看。今年1月份，北京学者梁展写了名为《族群转向与近代中国的国家认同》的文章，写得很好，也很有意思。不只我,还有我的同事们都在网上看得很认真。

"新清史"更强调满族是一个政治和文化建构。在这一政治建构过程中,清皇帝一方面把自身塑造成为满、汉、蒙、回、藏人的共主,另一方面通过武力征服创造了一个位于亚洲腹地的大帝国。基于这一点,罗友枝说,蒙人、藏人对清廷的忠诚,并不能自动地转化为对中国的忠诚,实际上辛亥革命之后爆发的蒙、藏独立活动即为明证。这就将问题引向了由清至中华民国之间的主权继承关系。

——梁展:《族群转向与近代中国的国家认同》,《中华读书报》2013年1月23日。

以上描述的所有想法,不能代表所有对新清史的回应,但还是可以给我们一个印象,总的来说清史专家,不是拒绝而是表示了一种保留的态度。这也是可以理解的。到现在为止,真正运用满文或者其他非汉文史料的研究成果不多,所以到最后这些史料的价值,仍然不完全清楚,这个我们还要等到新清史2.0出来的时候,我们学生们的一些书和文章出版后,这个轮廓就清楚了。除此之外,有一种批评说新清史否认满洲人有接受一些汉人文化的影响,这不合历史事实。我觉得这种批评是一种误解,新清史或者至少我个人认为肯定有这种文化上的变化存在,而且到清末越来越明显,我只是反对用汉化这个词来描写这个过程,因为汉化包含了一种必然性的含义,也包含一种大汉族主义的味道,而且好像忽略了汉人受满洲人影响的可能性。另外更令大家不高兴的是,新清史将满清朝实在的政治体制和中国这个抽象的政治标志和文化概念分开,看看它们之间的关系如何。就说新清史与晚清史拆开,就是刚才他们提到的,他们尤其是黄兴涛,其实不止是他会批评这一点。还有人说新清史其实不是那么新,因为它很多视角跟二战前日本的研究很像,新清史的学者只不过是"在美国时流的外表之下,贩运日本人战前的旧货",这是我引用往复论坛上的一个人的话。在美国直对着我,我很自豪。"在美国时流的外表之下,贩运日本人战前的旧货。"我们看这一回应的时候,或许最令人吃惊的一点就是这个回应的政治色彩之浓。刚才我提到的梁展这篇文章。这篇文章首先在《中国读书报》出现了,给了他《族群转向与近代中国的国家认同》这么一个篇名,在一个礼拜之后另外一个网站刊载了《潜在的分裂意图——美国"新清史"研究剖析》,是同一篇文章,同一个人,两个名字。

老实说,我从来没想到研究清代八旗制度和满洲认同问题会变得如此敏感。一部分也许是因为我那时候太年轻、太天真、不懂事,一部分还是因为清史本身比以前政治化了,不光是清史政治化了,所有历史都政治化了,包括古代的夏商周那段历史。这是什么原因呢?这个原因有很多,在我看来这种把历史研究政治化的倾向和国内最近二三十年来的经济、社会、政治的变革很有关系。这方面我从德州大学李怀印教授的最新一本书得到启发(Reinventing Modern China, Hawaii, 2013)。他说20世纪以来,中国的历史学受到政治的影响异常深刻。从"五四"以后历史学变为一种要显示自己政治思想的途径,而不是自己对于过去的理解和解释、上下求索的表现,无论是30年代、50年代,还是70年代。我们谁都知道,不管什么地方、什么时代,历史和政治往往是分不开的,不只中国是这样,美国也是这样,很多国家都是这样。不过根据李怀印的分析,在20世纪历史的政治化非常频繁,在两个领域(历史和政治)之间从来没有取得一个良好的稳定的平衡。到了80年代,中国的历史学家才可以脱离政治,才可以相对自由地寻找相对客观的解释架构和方法论。到了90年代,中国经济从根本翻身的同时,以前的历史叙述模式和典范被颠覆了,却没有新的模式代替。从此以后,国家在寻找一种新的意识形态,新的超越合法性(transcendent legitimacy)的解释,是一种可以指导国家政体发展的新道路。我用华东师范大学许纪霖教授的话来说明这个道路。

真正的问题在于:这一民族国家究竟是一个政治共同体,还是历史文化共同体?与此相关的是:公民们对之认同的基础是什么?是政治法律制度,抑或公共的政治文化,还是历史传统遗留下来的文化、语言或道德宗教?作为现代中国人,如何构成一个"我们"? ——是政治的

"我们",还是文化的"我们"?

——许纪霖:《共和爱国主义与文化民族主义——现代中国两种民族国家认同观》,《华东师范大学学报(哲学社会科学版)》2006年第4期。

民族国家是一个政治共同体还是一个文化共同体?为了解决这种危机——这是一种精神上的危机,李怀印认为历史学进入了新的阶段,也是寻找历史学能恰当使用的模式——全球化。在这点上,我和李教授的意见是一致的。但是我认为,历史学的全球化并不意味着它去政治化。刚好相反,现在的政治家更是依赖历史,尤其是清史,来达到政治上的目的;就因为这样,国家才愿意把七亿人民币投资于编写新的清史的工程。只有这样,人们才开始从清朝来寻找现代民族国家的合法性的基础。最近有一个很大的辩论,从清朝到民国、由民国到共和国之间合法性的延续,这原来也不是一个问题。20年前不可能讨论这样一个问题,现在有这个问题。这种想法代表从天下到国家发展过程中的一种新的趋势,这个趋势我叫作"帝国思想"(imperial thinking),是希望把现代国家和古代的王朝正统性更密切地联系在一起。"帝国思想"应该说是80年代不可设想的一种思路,是与20世纪20年代以后国家主流政治理论背道而驰的一种思路,是"盛世中国"的提法,也是"复兴中华"提法背后的思想。这是我自己的想法。我今天没有时间多讲,不过,我注意到这一点,是因为它可能代表了中国历史学很重要的转折点的表现。

在这样政治化的气氛之下,在中国写清史就变得比较复杂,当然,在国外写清史也一样变得复杂。但是,话说回来,就像这样政治化的气氛会给历史学家一些困扰一样,进而历史化的情况同样也会给政治家带来一些头疼。尤其是在一个中国历史全球化了的时代之中,我们已经注意到,中国国内的学者中对于新清史的反应因人而异,更何况写新清史的那帮外国学者。

尽管情况变得比较棘手,但与此同时,写中国历史变得更为重要了。每个国家的历史叙事都很重要,而世界上的强国更是如此。现在的中国和30

年以前我第一次来中国时的中国不一样的一点是,现在的中国是一个强国。正如布朗大学德国历史教授巴托夫(Omer Bartov)说:"当一个强国以它的过去作为决定国策的参考点(或者有如此的姿态)时,那么那个强国的过去(或者对过去的理解)就要在世界事务中扮演重要的角色。"

作为结论,我想强调两点。

第一,新清史提醒我们,在21世纪这样全球化的世界里,期待中国的历史学家能够"掌握国际学术话语权"是不太实际的。中国的经济开放了,中国的历史一样也开放了,就像中国文化一样,它走向了世界。这一个迈步会有正反两面的后果,而且这个后果很难预测,因为毕竟各种条件、各种心态都很不一样。这一点,葛老师提醒我们,谁来问这个问题和他问的这个问题是分不开的,这两点得注意。

> 而且,也不能要求欧美、日本的学者,像中国大陆学者那样,出于自然的感情和简单的认同,把"中国"当做天经地义的历史论述同一性空间,更不可能要求他们像中国大陆学者那样,有意识地去建设一个具有政治、文化和传统同一性的中国历史。
>
> ——葛兆光:《宅兹中国:重建有关"中国"的历史论述》,中华书局,2011年,第5页。

不过,无论是大陆的学者也好,欧美、日本、韩国的学者也好,我们都能够看清楚中国历史的特殊性,这不用说;但也许值得记住是它的那种特殊——跟别的国家一样特殊,不是独特无二的、完全例外的历史,是属于世界的历史,我们谁都可以以它为鉴。

第二点,中国历史学面临这种存在主义性的时刻,是我们所有研究中国历史的人非注意不可的问题,我们都面临着类似的选择:是光搞我的华南研究,光搞我的乡村调查,光看我的满文档案,不管更大的历史框架呢,还是找一个令我满意的理论和方法,让我能够保持与宏观历史的一些关联呢?这第二个选择也可以用赵世瑜教授的话来讲,就是找一个办法让我把"小历史"和"大历史"写在一起。我们怎么看这个问题,怎么看这个选择,完全取决于我们每个人对于历史与历史学意义的基本想法：我们这个历史是写给谁的？在未来的"后民族国家转向"的世界里，历史到底应该怎么写？德国的评论家卢多夫曾经提过这么一个问题："历史的任务应该是提供一种取向，是通过自豪与自觉的觉醒来确定一个'认同'与'国家共识'的出发点呢，还是说它的任务更应该是动摇惯例，对于一直坚持的那套表示怀疑，把我们关于未来的想象变得更尖锐呢？"

无论如何，要认清楚，在这个问题上，每个人都得作出自己的决定。

提问与回答

葛兆光：

现在我们开放给各位，有什么问题可以跟欧立德教授讨论，我想欧立德教授非常愿意跟大家一起讨论，中文可以，英文也可以。

齐光：

您好，我是复旦大学史地所的老师。我在读满汉文档案的资料的时候，主要是题本和奏折。前期的尤其是乾隆朝的一些满文的、汉文的奏折非常口语化，比较白话，是不是受到满文的影响？就是说汉文奏折受到满文奏折的影响。比如说清朝中期的舒赫德的奏折就非常口语化，比如"了"等的使用，是不是受到满文的影响？谢谢。

欧立德：

这个问题很有意思，我没想过，舒赫德我知道，他的满文奏折我也看过不少，他满文非常熟悉，非常流利。至于说他是不是受了满语的影响来写汉文的奏折，当然我不能确定就是如此，但我觉得这是很可能的。你知道满文不像汉文那样有各种层次的 formality、政治化，比如说皇帝不能说"我"，而满文中没有"朕"这样的说法，所以你要用满文豪华、正式地写一个文件，就写不出来,因为满文中没有这些词汇,不像汉文那样。舒赫德写的汉文奏折时候是不是口头语,这个很可能。我们知道,您也看过,廷记里面是皇帝的话,不像上谕那样正式,廷记里的话比较通俗些。我想您说的这一点是很可能是有关系的,至于语法上的过去式和汉文中的"了"是有直接的关系还是怎么样,我想这个需要研究下,您有没有做过这方面的考察?

齐光:
我读满汉奏折有 15 年的时间,旗人官僚和科举出身的官僚,他们的汉文奏折是不一样的。这个我可能看多了之后,从经验出发,得出上述想法。

欧立德:
毕竟清朝政府官僚不通过科举进入的人很多很多,所以我们历来认为通过科举中了进士之后才当官,在清朝不见得是。

齐光:
我主要研究清代的边疆问题,您写过八旗驻防问题,您接触的奏折比较多,所以我今天就问了这个问题,想请教您。

欧立德:
这个可以很容易写出一篇文章,你可以继续深入,写一篇文章。

学生:
您好,听了您的报告很受启发。我想提问的第一个问题是新清史的学术规范,想达到的目的,以及现在使用的研究方法是不是也可以拿来研究元朝的问题?另外,我们知道唐代的皇帝唐太宗也被称为"天可汗",是一个区域性的"共主",您如何把他与清代帝王之间进行比较?谢谢。

欧立德：

我想毫无疑问，可以把清代王朝的结构和帝国性质这一套研究方法套用于元朝，其实也可以用在明朝。因为明朝，尤其是明朝初期，受到元朝的影响很深。最合适的是元朝和唐朝可以得到一些好的研究结果。这些王朝可以说是因为地盘大，用现代的话来说，是一个民族多元的政体，这一点上就和清朝有些类似。问题是要对元朝甚至唐朝做这种研究，因为没有等同于满文档案的资料去探讨执政者的想法和态度，这就缺乏很重要的一点。这就是为什么清朝给我们提供了很好的历史研究条件，考察清朝我们可以知道外地来的、草原来的那些人是怎么想的。至于元朝，我们有一些蒙古语的材料，但很不全，而且很多是后来编写的，这样将方法用在元朝并不完备。唐朝更是如此，我们想知道唐朝和回鹘之间的关系，宗教等问题，这些问题很复杂，但我们只能依赖汉文的资料，这些资料很宝贵，我们必须非常谨慎使用。我不搞唐朝和元朝历史，不敢多说，我觉得这是条值得走的路，可以走走看看，这是一种实验。我们每一次写一篇文章、每一本书，都是一次 experiment，自己的想法有没有说服力，可以去尝试，不一定成功，但值得试试看。

学生：

我的意思说，清朝这种王朝、帝国似乎是有历史渊源的，并非是满族的特性，其实汉族建立的王朝也有这种共性，帝国并不是中原地带的一个帝国，而是一个更广袤的帝国，可能有一些历史渊源。

欧立德：

这是肯定的。清初的人也认识到这一点，他们认为自己并非是第一个由草原或者长城之外来建立一个王朝，他们很清楚认识到辽朝、金朝、元朝是他们的前身，他们很有意识地将辽史、金史、元史翻译成满文，当然并不是全部翻译。因为知道那些人已经经过了这条路，清朝人想借鉴这三朝的历史教训。这在历史记载中很明显。关于新清史，我想说清朝这样一个帝国，历史上并不是第一次有这样一个帝国,我们想说清朝并非是空前的帝国或王朝,它有自己的历史渊源。

学生:

欧立德老师您好,我是历史系新生。我想如果取代清代的是一个传统的王朝并非中华民国或者说中华人民共和国,现在的人会怎么评价它?比如说,辽、金、元这些王朝存在的时候,有很多士人、民众认为是几个国家?在王朝灭亡的时候,关于这些王朝的历史马上在汉人的记忆中消失了。这些征服王朝存在的时候得到汉族人的认可,但是垮台后,这些历史资源马上就消失了,汉族会主动将其当作敌人来处理。还有一个例子是朱元璋将元世祖放在历代帝王庙,但等到嘉靖年间又去掉了。还有,虽然取代清朝的是中华民国这样现代的国家,实际仍然有很多人以汉族中心论,强调清朝满族属性,比如说钱穆,现在当代也有很多人对满族统治的负面评价。您如何看待这个问题?简言之,汉族处理历史记忆的方法,就是处理政府王朝的方法,您对此怎么看待?是什么造成了这种异族王朝存在时期汉族人认可,一旦垮台汉族人做另外一种处理?

欧立德:

我想还是和许纪霖的话有关系,我们看中国的古代文献,《春秋》、《左传》、《公羊传》对于"中华"或者"华"、"华夏"这个概念,给的解释和定义种种不同。有的好像是以文化为主,以文化为主,往往就是谁都可以采取它;另外一种是以出生为主,如果你原来不是这个地方的人,你就不属于这,最有名的,以后被歪曲的话,《左传》里的话"非我族类,其心必异"这种想法。这两个脉络一直并存,每一个朝代、每一个时代,人人都要做选择,不同的选择,就走向不同的道路。中原和草原民族,简单概括来说是一种共生、共存。您举的这些例子,就是很好的证据。你想象的中国可能和我头脑中的中国也许是不同的。这个一直在变动,没有固定的。辽朝、元朝、明朝、清朝是以文化为主,还是政治主体为主,都有讨论余地,他们是具体的历史条件下被决定的一种选择。不然的话,你要是以为这是一个固定的主题的话,就解释不了为什么清朝灭亡之后就很快忘掉了原来对清朝有忠诚的感觉,但是一直到清末都有人对明朝保持一种忠诚的感情。这方面,我觉得"中国"、"中华"、"华夏"概念是抽象的一种理念、一种理想,这在世界史里没有多少例子可类比,我唯一能想起来一个例子就是罗马。罗马当然是一种具体的表示,主要的是一种理想,这种理想的延续一直到现在都很强大。我们不要把这种想象的主题和具体的主题混在一起。对不起,我中文水平不够高,不知道表达得是否准确、全面。

学生:

欧立德教授您好,我想请教个问题。在我们一般人的观念中,近代前期清朝处理边境问题,或者说稳固整个国家统治,实际上是处理满、汉、回、蒙、藏的问题,以及还有朝鲜问题。虽然朝鲜当时非归中国直接管辖,但无论在清代开国时期,还是在清朝晚期,清朝对朝鲜的关注程度,绝对不亚于对蒙藏或回藏的关注。可以这么说,朝鲜是清朝附属国中,归属最早、脱离最晚的一个。我想请教的问题是,在新清史的叙述框架中,有没有对朝鲜进行关注?或者换句话说,与明代中国处理朝鲜问题的方式相比,您所谓的"满洲之道"有没有在清代发挥一些作用呢?谢谢。

欧立德:

这个问题很有意思,我想我的书在了解和朝鲜之间的关系上,并没有发挥多大的作用。因为清朝和朝鲜之间的来往,这个题目变得越来越热,在美国和中国都是。这里面有各种原因,其中一个是朝鲜来的使团给我们研究清代历史一个很有意思的记载,里面有很多我们在别的史料中找不到的内容。我想这里有个和你问题比较接近的例子,朝鲜和大清之间的关系是比较典型的朝贡体系"tributary system"。现在有很多人强调清朝的时候,朝贡制度或者所谓"天下制度",可以当作另外一种国际关系制度的另外一种典范。我们就可以以大清和朝鲜间的这种制度,来研究清朝和国外的关系。当然是可以做的,与此同时要注意朝鲜国内对大清保留的那种态度和它在朝贡时候表示的态度不一样。这就提醒我们"tributary system"朝贡制度的复杂性,表面上是很有内在逻辑的合理制度,我认为只不过是一个外壳,参加这种制度的各个 actor、各方,都会利用这种制度找到各自的最大利益,这和世界其他任何制度一样。我们可以把与朝鲜之间的关系作为一个例子,我们不必要把朝贡制度"tributary system"过度神话,它是服从于参加其中的每一个群体的利益而变的。若说是各国到来都是按照一个制度,我倒是有些怀疑。说到和朝鲜的边疆问题,在雍正时代曾经让给朝鲜一块土地。这是个很好的例子,清朝和朝鲜之间的关系研究要进一步深化。

学生:

欧立德教授您提到满清帝国当然不是全新的,他们也学习了他们前代尤其是金、辽、元的历史以吸取教训,我的问题就是清朝怎么看以前的这些少数民族所建立的王朝,因为满族在不少地方故意显示出与蒙古和元朝的承接性,但它本身又是不一样的。还有一点,满人所学习的辽、金、元等历史都是汉人所写的,他们的看法是不是会受到汉人的影响?

欧立德:

实际上,辽、金史是蒙古人写的,所以不能讲这全是汉人的观点,满人所翻译的"正史"主要是皇帝的传和从各章节所摘出来的和战争有关的事情,因此看起来满人只对战争感兴趣,最有趣的则是有种说法说辽和金只控制了一部分的天下,而元尽管据有天下,但没坐多久就被人赶走了,但我们满人能做得更好。满人很小心地把自己放进这条谱系线里。从其他地方也能侧面看出满人对这些朝代的看法,也包括对唐和宋,就是满文老档里面的信件和讲话。满人不仅仅关心和元与金之间的继承关系,他们还很强调其他方面，因为他们很早就翻译了明太祖的《宝训》，他们对明初真的是十分关心，因为明初能为他们提供如何建立和控制一个帝国的榜样，怎样建立秩序。在很多地方，这本书的作者明太祖对蒙古没什么好话，比如鞑子、虏等。在满人的翻译中有些这样的话被删掉了，但是还有不少留了下来。这里需要了解新清史的一些局限，比如过分强调了明与清之间的区别，而现在类似之处也应该注意，因为明初和清有很多相似的地方，新清史在区别这个方向走得太远了，现在也该强调类似之处，忽略明朝和重构清朝是不够的。

葛兆光：

我想大清帝国和现在中国之间太复杂的关系，使清史研究除了学术问题之外，还会被解释为复杂的政治、立场、民族等各种各样的问题。我宁可把它看成是不同方法、不同角度观看同样东西。如果我们是不同立场的话，就会出现一个问题，是"西风压倒东风"，还是"东风压倒西风"。如果是不同的方法、不同角度的话，也许，我们看到的是一个更加完整的历史。以前，中国人总是喜欢讲一句话"横看成岭侧成峰"，如果是这样的话，对清史研究大概会更好一点。我们今天听了欧立德教授的《新清史的影响与回应》，明天也欢迎大家再来听《作为帝国的中国》。这个"中国"是什么时候的"中国"，请大家再听下回分解。让我们再一次感谢欧立德教授。

黄飞　整理

陈妤姝、梁辰雪　校对

作为"帝国"的传统中国

主讲人：欧立德（Mark C. Elliott）
主持人：葛兆光
时　间：2013年5月7日

欧立德(Mark C. Elliott)

哈佛大学东亚语言与文明系讲座教授、哈佛大学历史与东亚语言博士委员会主席,主要研究领域为清史、内陆亚洲史,是北美汉学界"新清史"研究的重要学者。著有《满洲之路:八旗制度与清代的民族认同》(*The Manchu Way: The Eight Banners and Ethnic Identity in Late Imperial China*, 2001)、合编《新清帝国史:清朝在承德建立的内陆亚洲帝国》(*New Qing Imperial History: The Making of Inner Asian Empire at Qing Chengde*, 2004)、《镶红旗档案:清代八旗研究指南及东洋文库所藏史料目录》(*The Archives of the Bordered Red Banner: Research Guide to the Qing Eight Banners and Catalogue of Materials in the Toyo Bunko*, 2001)等。

葛兆光 | 复旦大学文史研究院院长、历史系教授,研究领域为中国宗教、思想和文化史。

葛兆光：

各位，我们今天欧立德教授的第二场讲座，现在就开始。昨天，我已经简单地介绍过欧立德教授，而且我们的海报上对欧立德教授也有介绍，所以我们就把这个程序给跳过去。今天我特别还要告诉大家的就是，法兰西学院的程艾兰教授也在这，她今天也来参加。外文学院的院长褚孝泉教授今天也来到这里。所以今天我们欧洲、美国和中国的学者就可以一起来讨论一些问题。今天欧立德教授讲的题目呢，是跟中国有关。我们一直关心的几个问题是，如果按照英文里面 empire 的这个概念，那么中国的各个王朝是不是帝国？其次呢，是什么时候还是一个帝国？最后我们还关心的一个问题是，现在我们中国还是一个帝国吗？

欧立德：

这个话题弄得太大了。

葛兆光：

因为我们想听比较多的话题，所以先把这几个话题提出来，现在就请欧立德教授。

欧立德：

谢谢，谢谢大家，谢谢葛教授。昨天我也说了一大堆谢谢，所以今天这个步骤我也跳过去。那今天要讲的题目："传统中国是一个帝国吗？"这样一个问题。我是故意这么问的，就比较直接地问了这么一个问题，希望能够引起听众们的兴趣。乍看起来，这可真是一个"愚不可及"的问题。今天的中国应不应该被视作一个帝国，或许还在讨论，但是对于末代王朝灭亡之前的中国，根本就毋庸置疑。有无数的文献，包括学术性的与普及性的，都证实着中华帝国的存在。从公元前221年到公元1911年之间的时期，也被大多数权威不假思索地界定为"帝国时代"。每个美国的小学生都知道中国过去的统治者叫作"emperor"，而大部分三年级的孩子都能说出第一个 emperor 的名字是"秦始皇"。我为什么知道这个，我孩子三年级的时候，他从学校回来说："dad，你知道吗？中国第一个皇帝叫作秦始皇，你知不知道？"所以，中国过去当然就是一个帝国，这个问题好像很简单。如果我们问传统中国是一个帝国吗？我回答说："是的。"那我们可以回家了。

那我不想去麻烦三年级的小学生，我们都肯定同意，至少在常识的层面，中国过去的确是一个"帝国"。但是，如果我们再多想想，就会发现这个古老相传的说法值得再考虑。例如，看看中国人自己谈到 empire 的方式，我们很自然会问，既然20世纪之前中文里根本没有对应 empire 的词汇，中国又怎么能被当成一个帝国呢？我们又怎么能肯定"皇"、"帝"、"皇帝"这些经典文本中大量出现的，我们一般翻译成 emperor 或 imperial 的词汇，就与 imperator，或者是法文的 empéreur，德文的 kaiser，或者是俄文的 tsar 这些词所代表的含义相同呢？为什么西方人无论如何都要坚持把中国当成一个帝国来看待呢？我问的是这个问题。

有名的历史学家爱森斯坦(S. N. Eisenstadt)把从汉到清的中国都看成是一个帝国；相反，牟复礼(Frederick Mote)不久前指出把"皇帝"翻译成emperor 并不一定正确，因为被一位自称为emperor这种光辉头衔的人统治着的国家，也就意味着必然是一个帝国(empire)，而在某些中国王朝的例子中，如牟复礼提出宋朝作为例子，把它们看成是帝国并不一定准确。如果我们把帝国看成是"控制着其他的国家与民族"的话，那宋朝就好像不见得是一个帝国。如果它不是一个帝国的话，那宋朝的皇帝就不是emperor了，他是那么一个意思。但是，他的结论就不是这个，他的结论是：我们都"被习惯的用法所约束"，动不动就还是把中国的皇帝说成是一个emperor。我想问的问题很简单，就是这个习惯是哪里来的？

这个问题属于我现在进行的一个研究项目，这个项目就是要探讨清帝国与现代中国国家之间的关联，所以跟昨天的演讲还是有关系。我这项研究的目标之一，其实和昨天演讲的题目也一样，就是想多了解中国的这种从"帝国"到"民国"，或者说，从"天下"到"国家"的历史过程的来龙去脉。我为什么会想搞这个题目，主要是延续和回答我在我第一本书里面所提到的问题，也就是有关清朝统治的满洲特性论所造出来的新的历史叙述对我们如何理解中国近现代历史有多大意义，这么一个问题。今天的演讲是这个项目其中的一部分，我在这儿思考的是，究竟是什么让中华帝国"被"帝国了；用英文的说法来说，就是"What makes imperial China 'imperial'?"。找不到很好的用中文表达这个的方式，如果有人有好的方式，请以后跟我提提。尤其是当许多人习惯说20世纪以前的中国是一个帝国，很多搞清史的专家愿意说大清国就是一个帝国，但是同时他们很多人也反对说这个大清帝国的行为有其帝国主义的性质。也就是说，中国的帝国是一种特别的一种帝国，是那种"非帝国主义性"的帝国。只是，世界历史上不知道有多少个那种帝国。所以，我还是觉得中国过去是不是一个帝国，还是值得问的一个问题。

我这项研究的目标之二，是要为思考中国作为帝国提供更为坚实的基础,并且增进我们对于什么是帝国,以及帝国如何运作的一般性理解。事实是,直到最近在关于帝国的社会科学理论中很少会提到中华帝国。为什么?是不是由于中国表面上看起来并不太像一个帝国,因为它的所谓同质的种族、统一的国土、通用的书写系统、广为接受的儒家学说以及行政管理上的均一性,就造成了那种印象。到底 empire 是什么意思呢?要说明这个研究项目的意义的话,也许最后可以提到的是:今天有太多的关于"中国崛起"的话题,分析家们拼命地向 20 世纪之前的历史,也就是所谓帝国时代的历史,探索有着强国中国的世界是怎么样的一个世界,并试图用对过去的解释来预测未来的情形。在这种时候,我相信这样的争论有着实际的价值,而我们历史学家有责任参加这个辩论。

当然,从事这项工作可以有不同的途径。例如,研究相关中文术语的含义,并且评估他们与西方语言术语的相似性。假如我们这样来推动,那就可能意味着要在 imperium 及其在欧洲语言中的同源词与中文的"天下"之间确立等价关系。这是一个途径。另外一个途径则可以是对典型的"帝国"问题进行研究,去看中华帝国内是否出现了明显的与世界其他帝国类似的特点、行为或措施。我说"典型的帝国问题"指的是经营帝国的科技,例如军事组织、边疆管理、族群级别制度,以及不对称的行政系统、法律系统、宗教系统等等事务。可是,今天我想讲的是第三种途径,那就是去考察西方人关于"中华帝国"的论述,多了解这些论述都是怎么看的。我想问的问题是:在欧洲人的眼中,中国什么时候成了一个"帝国"?然后,这种情况又如何影响了中国对自身历史的看法?我的主要论点是:今天中国人(我说今天其实是指的大约 20 世纪以来)把王朝时代的中国看成是个"帝国",很大程度上是由于大约一个世纪之前,欧洲人教他们这样做的。

我今天的演讲分为两个部分。第一部分要追溯"把中国当成帝国"这种观念在西方的出现,第二部分追踪这种观念在晚清中国被接受的过程。这是我刚才提到的几个问题,我们要看这几个概念之间是不是可以、是不是应该找一些等价关系。

西文中"China"这个名称的由来有一个十分复杂的过程。与之相应的词在西方古典文献中反复出现。最常见的名称是源于"丝"("silk")一词的"Seres";另一个不怎么常见的名称"Sinae"。这个词很可能是来自公元前3世纪的"秦"代。可是,无论如何,我们都没有任何证据表明古希腊或古罗马的这些作者把 Seres 看作一个帝国(imperium)。因为他们对"Seres"的了解其实很有限,所以对他们来说,我们所说的"China"不过是一个"Serica regio",对他们来说只不过是一个地域,也就是"出产丝绸的地方",就是 Serica regio, the region of China。我们在地图上就能找到这样的名称,就是 Serica regio,应该说是"丝国的地带"比较恰当。

这个名称就这样被沿用了几个世纪,在古代和中世的文本和地图中相互因袭。确实马可波罗曾用过"帝国"一词来称呼大汗的疆土,不过他特指的是成吉思汗和忽必烈汗的"帝国",就是"Yeke Monggol ulus",而不是 Seres,也不是 Serica。不仅如此,马可波罗和他同时的人们一样,都认为蒙古帝国的疆域"Cathay"并非那片古老的国度"Seres"或"Sinae"。在马可波罗的行记中我们可以看到,相当于南宋故地的"China"就被称作了"蛮子"(Mangi),所以,当时根本没有所谓"中华帝国"的观念。

对"Cathay"(这个也是一个地带)和"Seres/Sinae"的误解一直持续到16世纪。在此之前,"Seres"或者"China"几乎在文献中消失不见了。完成于1554年的 Sebastian Münster 的《宇宙志》(Cosmographia),是16世纪欧洲出版界最著名的著作之一。在这部书里,我们可以看到有关于"Imperio Cathay"的一个词条。然后他的地图上也有 Cathay,然后也有 Mangi,也就是以前南宋的地方。这里的 Serica 跟中国、跟 Cathay 完全是两码事。当时的欧洲人不知道古代的 Serica 和他们当代的 Cathay 是什么关系,以为这是两个地方、两个概念。Münster 也是,他书里面的消息一般来说都是来自于马可波罗。他用 Cathay 这个词,说它是一个帝国。这个帝国的领导,也是皇帝,是 imperatore。这就是蒙古帝国,它不是 Serica,也不是 Sinae。从许多线索我们很容易看出 Münster 有关 Cathay 的认识来自早于他两百年的马可波罗。比如说，据他的解释，Cathay 的统治者是"伟大的鞑靼皇帝，人们称他为'汗'"。在他绘制的地图上，有"Cathay"的这个首都，叫作"Cambaluc"。很多人都知道，这个 Cambaluc 就是来自于蒙古语"Qanbaliq"（汉八里），就是"汗的城"，这是直接从马可波罗的旅行记借来的。我们在《宇宙志》里是可以找到关于中国的词条的，也就是关于 Seres，很短，只有五行。它说什么？它说：关于这个地区我们只能找到古代地理学家的记录，它位于世界的东陲。没有别的，就这么一点。在他的描述中，仿佛 China，这个叫作"Seres"或者"Sinae"的国家好像已然在故纸堆中消失了一样，不见了。

16 世纪末，随着耶稣会的传教士，尤其是利玛窦（1552—1610）抵达澳门，三个世纪以来的关于"China"的误解终于得到了修正。利玛窦对明朝的地理、历史和哲学的了解超越了他之前的任何欧洲人。当他关于中国的论著在 1615 年出版之后，欧洲人才明白马可波罗笔下的"Cathay"其实就是古典文献中"Seres"地区的北部。之后的欧洲地图迅速地吸收了这个知识，可是并非所有关于中国的认识都这么快地得到更新。通过利玛窦所绘的几幅地图，包括著名的《坤舆万国全图》在内，我们可以知道，利玛窦对明的疆域和位置确有相对清楚正确的认识。不仅如此，他对这个国家的人口也有合理的估计，他得出的一亿五千万的数字，比同时期的欧洲多了四千万，十倍于他自己的祖国意大利。然而，尽管利玛窦以及其他接触到中国文明的欧洲人都对这个明朝怀有的敬意，对他们而言明王朝依然不是一个帝国。在他们眼中，"大明"始终只是一个地区，只是"Serica regio"或者"Regio Sinarum"，就是出丝的地带，跟以前一样。我们可以看这个地图，这个地图是明末的地图，是 17 世纪的一个重版。但是它完整的样子都是 16 世纪末期的，我们可以看到这写的 Reyno，就是王国的意思。

第一部提到"中华帝国"的著作出现在利玛窦死后。这是曾德昭（Alvaro Semedo）所著的 *Imperio de la China i Cultura Evangelica en èl, por los Religiosos de la Compañia de IESVS*（《大中国志》），于 1642 年在马德里出版。这本书很快就被翻译为意大利文，次年在罗马出版，但换了一个略有不同的书名，就

是 *Relatione della grande monarchia della Cina*。你可以看,西班牙语的 Imperio de la China,这里是 monarchia,不一样的。Imperio 是帝国,monarchia 是王国、王制。1645 年出版的法文本,书名又不一样,叫作 *Histoire universelle du grand royaume de la Chine*,就是中国的全史。显然,不是每个人都相信西班牙语书名中的"帝国",好像曾德昭自己也不完全相信。除了使用"帝国"作为书名,在曾德昭整个多达四百页的研究中,这一词只出现了一次。大多数情况下,曾德昭将中国总是说成"王国"(Reyno),有时也用"王制"(Monarquia)。明朝统治者毫无例外地被视作国王;他的住所也被描绘为王宫(Palacios Reales),而非 Imperiales。可惜,我没有在曾德昭的西班牙的原文里,找到任何论述能解释他为什么选择将"中国"与"帝国"连在一起。因为他没有解释这个用词,也许他没有很有意识地做了这个决定。我们现在很难说。

据我所查过的资料,在将中国从数量很多的王国级别中提升到帝国级别的过程中,1644 年满洲人入关,占领明朝首都北京这件大事,应该说是代表了一个决定性的转折点。这场政治剧变震惊了整个欧亚大陆。这些残暴的事件使西方观察者感到惊恐,他们将关于大清国征服大明国这件事的详细报告发送给欧洲各国的读者。最早的记录,就是耶稣会士卫匡国(Martino Martini,1614—1661)写的《鞑靼战纪》(*De Bello Tartarica Historia*)。这本书的副标题是这样写的:"本书叙述我们这个时代的鞑靼(就是说早先已经有了鞑靼,我们这个时代的鞑靼,是侵入并占领整个中华帝国的鞑靼),并简明描述了其主要人物。"这是他的书的提要。这本书是在 1645 年以拉丁文在安特卫普(Antwerp)出版的,十年内,卫匡国的书被相继翻译为法文、德文、西班牙文、葡萄牙文、荷兰文和意大利文,这显然是一本谁都愿意看的书。卫匡国对中国和其"四百多年的敌人"鞑靼之间的关系做了简要叙述。他具体地指出"帝国"是适合对应中国内部的领土,他认为帝国指的是中国的内部,那就是说,在他的理解中:"所有以长城为边界的省份,就是它的帝国。"书中的地图是《中国省份图》(*Situs provinciarum Imperii Sinici*)。但我们这样说省去了一点,你看这个 Imperii Sinici,就是关于中华帝国新的描写。这个中华帝国显然只是我们传统上所说的十八省,中国内地嘛。卫匡国的文章与他所使用的词汇意涵不完全一致:有时候他指的是中国的"皇帝"(Emperor),但有的时候又是指中国的"王"(King),他说得不一样。不过,他还比较清楚地解释说,在1644年春被鞑靼征服的就是中华帝国,并将其统治者称为"皇帝"。卫匡国所写的中国史是在1658年出版的,这本书的书名也加上了副标题 Magno Sinarum Imperio gestas complexa,就是"伟大中华帝国的历史"。从此可以看出,卫匡国在这方面的思想比曾德昭的要系统一些。

这个也是卫匡国的《鞑靼战记》的一个地图,很简单的一个地图。但主要要看的就是 Imperii Sinici,"帝国"这个名称出现了。以前我们看的都是王国,就是 Reyno 这个词。在这之后呢,一般来说就沿用了"帝国"这个词。这个也是很有名的一个地图,也是 Imperii Sinici。

这个转变我觉得比较明显、清楚。比较有名的荷兰的一个使团所作的《荷使初访中国记》(Die Gesantschaft der Ost-Indischen Geselschaft),是1666年出版的。这里很漂亮的,也许你们认不出来,是康熙皇帝。上面写的这么一个标题,我也做出了翻译。这也是非常有名的一部著作。就是柏应理(Philippe Couplet)的《中国贤哲孔子》(Confucius Sinarum Philosophus)。这是第一部介绍孔子给欧洲人的书。他这里面也提到"中华帝国",他也用了这么一个词。从这一点开始,有关中国的话语变得相当一致:中国是一个"帝国",中国的统治者便是个"皇帝"。这种用法也早在1659年便应用于外交往来,罗马教皇亚历山大七世致顺治帝的信中,就把他称为"伟大的中华皇帝"。

概而言之,从西方的观点来看,直到17世纪中期以前,中国,或者说大明国,尽管在某种程度上被理解为一个具有社会、文化和政体延展性的单一体,但是它还是一个区域或者一个王国,仅此而已。在欧洲人的眼里,只有到了17世纪中期以后,好像在满洲征服者的影响下,建立在这个时候的大清国才成为了一个帝国。为了找出原因,我们必须从追问17世纪帝国的含义开始。

毋庸置疑的是，"帝国"这个概念可以在不同的层次上运作，有时候是作为心理结构，有时候则是作为政治结构。前者是建立在记忆的基础之上，后者则是建立在经验的基础之上。在我看来，这二者都发挥作用。让我们先来讨论记忆。

在将中国作为"帝国"来考虑的时候，西方人往往会转向更为熟知的罗马的知识。其最先的独裁者——就是屋大维（公元前63年到公元14年）——后来的奥古斯都大帝，将不同的人群、语言和信仰体系汇集成一个单一而又有着不同组织结构和不对称的政治秩序的整体，把它叫作"imperium Romanum"。Imperium 在这里的意思就是"超越势力"的意思。而这个势力，这个主权，是作为专制者一个人所有。作为一种政权构成形式，这种帝国的概念不仅基于征服，而且基于其所创建的能够"有条件地包容差异性"的"主权分层"体制而建立的法律和管理体系。作为将帝国与民族国家区别开来的关键，这样的概念已经在近来的社会理论中出现。

这种对帝国的理解也非常适用于近来对于清王朝的分析。我们很容易想象清王朝的暴力征服也许会使17世纪后半期的耶稣会士们想起罗马帝国的扩张，或者更准确地说，提醒他们匈奴人和哥特人对罗马领土的入侵。比起旧有的明朝，清朝有着更明显的族群多元性和更大的疆域范围，这一新的现实，对于处在北京的传教士们而言，是明白无疑的。他们在街上、在宫廷里天天听到了满语和蒙古语，发现学会汉语已经不够了，还要另外学一个语言，就是满洲语。他们看到了清朝的剃发令和易服令，自己也得跟着做。卫匡国只有在同意以满洲的方式剃发之后，他才受到了大清皇帝的保护。传教士们也见证了首都的汉族居民被从他们的家园赶走，为几乎完全是异族的人们进驻都城让路的过程。如果此前的中国在他们的眼中还不是一个帝国，在清王朝的统治下，它已确定无疑地成为了一个帝国。

然而，在我们考虑有关"给帝国何种定义"这个问题的时候，不去考虑17世纪欧洲人自己的历史经验将会是短视的。因为当时的欧洲人也对帝国的理念有了实质性的反思。我们不应忘记的是，满洲征服中国短短四年之后，威斯特伐利亚条约在1648年签订。这一过程正发生于布罗代尔（Braudel）所谓"漫长的16世纪"的最后期。而这个漫长的16世纪是一个血腥的过程，把主权意识、国际法、领土问题和统治者以及被统治者的权力进行了协调和整理。从一方面来说，哈布斯堡王朝发现其越来越难以维护其在组成神圣罗马帝国的各个独立国家事务中的权威，它只能与往昔帝国的回忆或者回忆的回忆来对话。而在另一方面，葡萄牙、西班牙、荷兰、法国和英国正忙于相互竞争，将其势力投射到全球范围内，以在这场竞争中为自己谋求更多的世界资源。这是一种新型的帝国，我们可以说他是早期近代帝国，或者说是近世帝国，early modern。它包含了某些与旧帝国共同的东西，但是可以说他们没有皇帝。英国有个帝国，但它没有皇帝，法国也没有皇帝，这是一种新型的帝国。也许可以有一个没有皇帝的帝国，也可以有一个没有帝国主义的帝国，不好说。虽然是新型的帝国，我们如果考察当时欧洲传教士或者是各国使团的人在清代早期的行为和思维，似乎他们生活在那个"中华帝国"的环境里面，没有感觉到太陌生。这是不是因为对他们来说，这就是一个很熟悉的世界？也就是一个帝国。他们知道该怎么做，这些规定他们都比较了解。

鉴于17世纪前半期在欧洲不断发生的军事、宗教、和政治冲突，我们可以肯定地说，见证了明朝灭亡和大清国兴起的欧洲人必然通过威斯特伐利亚的特殊镜头来观察这个震动全球的大事。他们把大清国定为一个帝国的原因我们今天还是很难确定。究竟是对古代帝国的记忆呢，还是他们自己的早期近代帝国的体验发挥了重要作用？这个也不好说。但我们可以确信地说，把中国变成帝国不是因为欧洲人突然有了对中国文化或者是对中国历史的新认识。也就是说，"帝国"在中国的发现并非是欧洲人将"天下"或者任何其他的中国本土上的术语的意思试图以拉丁语、法语或西班牙语的方式呈现。因此，只能是他们自己的回忆和自身的经验导致了这些欧洲人决定最好是将中国作为一个帝国来看待。很可能，多元一体性的清帝国的建立在许多欧洲人的眼中来看，必然是类同于当代的神圣罗马帝国、罗曼诺夫王朝或者是奥斯曼帝国的。如果俄罗斯、德国和土耳其被称为"帝国",按照同样的逻辑,大清国也应是一个帝国。同样的道理,它的统治者——皇帝(或者说汗,因为俄文的资料一律是用"汗"这个词。他们不用 emperor,他们用"汗"这个词)也就成为了帝国的"emperor"。在整个 18 世纪及以后,在所有的语言中,人们对这一点形成了共识。

好吧,所有的语言——除了一种例外。这个例外是什么?哪种语言不习惯用帝国这个词?中文。在 19 世纪之前,中文里没有任何词能够完全表达"empire"的意思。现在我们可以把所有的经典看完,看有没有"帝国"这个词出现?没有。有一次出现是在隋朝的一个我不熟悉的记载里面,但这个意思完全和我们熟悉的帝国的含义不一样。有很古老的一个单词,那就是"皇帝"。这个词当然很古老,我们通常把它翻译成 emperor。这个词与我们通常所说的"王"很不一样。然而人们写出来皇帝两字的时候,从来不会在皇帝的后面加一个"地方"的"地"字,也不会在皇帝之后放一个"国"这样的词,没有这个习惯。

当然,也有若干可以表示比单个王国面积还要大的词汇,包括"九州"、"四海"和"天下"。然而,这些较为抽象的词汇都是描述中国、中华世界或者一般意义上的世界的不同方式,而且它们独立于任何有关政治的含义,这不是政治的概念。最接近于 empire 的意思可能是"天下"。目前,哲学家们仍然使用"天下"来表示一种超越狭义的国家利益的世界系统。但是,我还是认为"天下"起到了与 empire 或者 imperium 很不同的作用。假如存在与"天下"相同的西方词汇,那是另一个词——orbis terrarum,就是世界的意思。

所以,对"传统中国曾经是一个帝国吗"这个问题的答案,取决于你向谁提出该问题,且在什么时期提出了该问题。假如你在 16 世纪的时候要向一位受过良好教育的欧洲人提出这个问题的话,他的回答很有可能是"不是"。但是你在一百年后问同一个人,这个时候他的年纪已经很大,你问他中国是一个帝国吗?他会说是。但是你如果要向一位受过良好教育的汉人或者满洲人提出同样的问题,你肯定会面临很大的困难。因为在汉语或者在满文里,并不存在可以表示"empire"的词汇。这样的概念也不存在,所以他们就没有办法回答你。这就证明"empire"这个词在18、19世纪的时候,在西方已经成为了描述中国的习惯用法。

作为新词的"帝国"首次出现在18世纪晚期,就是德川时代中期。在1789年Kutsuki Masatsune(朽木昌纲)所编辑的《泰西舆地図説》中,"帝国"通过Keizerdom这个词汇的翻译从荷兰语引入到日语。我是请了哈佛大学一位研究德川时期日本的老师帮我找,这是我们能够找到的最早的一个例子。这本书是翻译了荷兰文的一本书,然后荷兰文也是一个译本,是从德文翻译的,是18世纪中期有关欧洲地理的一本书,是一种教科书。这本书里面提到了Keizerdom,就是帝国。Keizer就是Caesar,就是"帝国"的意思。所以他翻译的时候,很明显是要把Keizerdom这个词用汉字来表达,结果就是"帝国"(日语)。这是在东方的语言里面,我们第一次看到这个词汇的出现。关于它什么时候来到中国这点还存在争论,哥伦比亚大学的刘禾教授和人民大学的黄兴涛教授他们各有各的说法。我自己找了,在1866年我们都不太熟悉的一个字典里面找到一条,就是empire。这里有一个定义,就自然而然地出现一个the empire of China。很有意思的是,他不知道该怎么说,他仍然不用"帝国",他说"中国",说"中华",还说"天下",特别有意思。然后"帝国",他说是"皇之国"。显然他在找可以解释这个概念的词汇。也有人说是严复第一次把这个词引到汉语里面来的。

我们知道,在19世纪末期就有人开始用大清帝国这个词来描述清朝。在1905年左右,"大清帝国"("Great Qing Empire")这个组合就开始使用了。我们这有1910年上海商务印书馆出版的一个大清帝国的地图。然后,1911年辛亥革命及中华民国建立之后,总统袁世凯曾经试图恢复君主制,他所选择的国名就是"中华帝国"("Empire of China")。首先,我让你们看一下,这个是大清国造出来的大清帝国国玺。然后袁世凯要当皇帝的时候,他正式宣布了他的帝国叫中华帝国。当然,没有维持多久,他的政府就垮台了。但是，史学家们还是沿用了帝国这个名词来描写清代的政体，1923年萧一山所著《清代通史》这部书里，他在很多地方指出所谓的"大清帝国"的存在。从这个时候开始，很多的历史书中就说大清是一个帝国。解放后，这种表达方式就慢慢地不见了，但是80年代以后又慢慢恢复了。

好，该总结了。传统中国是一个帝国吗？我的答案应该是"不"，它不是一个帝国。并非只因为汉语里没有词对应于"empire"这个概念，而是由于历史上从没有一个王朝把自己称为"中国"。作为替代，我宁愿主张，在中国这片地域上建立的个别的统治政权当中有一些也许可以说是"帝国"，清朝就是其中之一，并且也可能是最带有"帝国性质"的一个王朝。如同其他在中国创立的"帝国"，清国利用"天下"概念作为其政权合法性或者是其正统性的基础，去控制被它一统的领地。但是，归功于近年来鉴于其他早近代帝国的经验的学术成果，我们还可以看到别的理由将清朝视为一个"帝国"。这种视角提供了几种方法可供论证，但是因为时间的关系，我现在不多讲，就是开始的时候我提到的关于边疆管理、语言系统的这些特征。

清朝诚然是最后的王朝，并且直接成为现代共和国的前身。从19世纪末期开始，思考和撰写近现代中国历史的人大多数以清代的例子来想整个中国王朝的过去。而由于西方词汇的影响，这过去被理解为是"帝国"的过去，"imperial past"。这样的印象导致了所有在中国地域范围内掌控"天下"的王朝，都是"帝国"。基于20世纪以来的民族主义和官方意识形态，我们很容易将清朝这样的形象混淆为一个贯穿历史的、一成不变的"中华帝国"。通过以上的过程，这种"传统中国自从公元前3世纪以来就一直是一个'empire'，中国的统治者一直就是'emperor'"的信念，最初在西方产生，并且最后传播到了中国。

这种信念在当今的中国仍然很强大，尤其是在流行的"中国崛起"论里，将中国的"复兴"视作恢复过去传统帝国的荣光。但是，这种将过去的中国视为一个连续不断的"帝国"的信念，我认为从历史学家的角度来说，是一种误解。只有详细探求每一个历史王朝的特殊性，才能对中国历史上的"帝国"

有更为深刻的认识。只有这样,我们才能更有成效地将过去的历史用于理解当下的中国,而不是仅仅将现代的中国还原为历史上的"帝国"。谢谢大家。

提问与回答

葛兆光:

欧立德教授今天的这个报告,我觉得既是一个老子的问题,又是一个福柯的问题。老子说:"无名,天地之母;有名,万物之始。"福柯的这个《词与物》里面也有很多的论述。关于这个问题,我跟欧立德教授之间可能稍有不同。我可能不是完全能够那么地接受他的看法。这主要是因为我认为在没有词的时代,是不是就没有这个物,这是一个问题。那我们今天先不讨论我的观点,我们先来讨论这个欧立德教授的观点。

欧立德:

我们当然要讨论你的观点。

葛兆光:

我们先来讨论欧立德教授的观点。大家有什么问题,现在可以开放给大家讨论。

学生:

欧老师,我想请教的问题是,什么叫作 kingdom,什么叫作 empire?在您的研究中有很明显的像数学定义这样的定义吗?

欧立德:

这个问题的回答很简单:不明确,当然不明确。你真正要问的问题是什么?

学生：

我想知道您既然说中国是一个帝国,然后刚才葛老师说共和国是不是也有可能是一个帝国。那帝国肯定要有一个定义才行,不然的话怎么能说它是帝国呢?就拿西方来说,什么样的国家才能叫作帝国?比如说亚历山大的奴隶制时代的帝国也算帝国么?还是封建时代的帝国算帝国?或者是现在的美国,这也算帝国么?什么算帝国?好的,谢谢。

欧立德：

关于帝国的定义很多,现在比较流行的是社会学理论里面关于帝国的定义。我在这篇文章中没法讲得很多,可以说是一种超过我们现在所定义的民族国家,包括不同的族群和种族,使用不同语言、不同宗教,一般来说在领土上也比较大,行政系统也不一致的政权。我们在民族国家里,包括中华人民共和国,每一个人和另外的人都是平等的,我们都有自己平等的权利。但在帝国里面,不是如此,它是有级别的。这是很明显的。以前的帝国与王国有什么不一样呢?我们可以说是规模不一样。小的王国用的是一种语言,信仰的是一个宗教。如果是那样的话,我不会说它是一个帝国。除非有很多不同的人、语言、信仰、文化习俗,又有相当大的面积,才可以把它说成是一个帝国。中国历史上有一些王朝是符合这种定义的。当然,有的时候,显然也有一些没有符合这种定义。我的意思只不过是说,有些王朝看起来似乎不是帝国。当然,这取决于你给帝国下什么定义。刚才我说的这个定义很简单,我们可以使用它。你可以自己想一想,有一些王朝可以说是王朝而不是帝国,是王国而不是帝国;而有一些王朝是帝国而不止是王国。这个我想还值得作一些区别。只有在区别的时候我们才可以做比较。

学生：

希望能够准许我用英语提问,我只是希望能够继续这一讨论。我的问题是,为什么我们要将帝国这一在之前的中国并未广泛采用的概念来对中国进行研究呢？根据我的知识，在欧洲，人们对于帝国的认识很大程度上来自于对奥斯曼土耳其或者埃及等近东地区东方帝国的认识，而对远东的认识则要晚得多。那么，就其对鞑靼及其相对的中原王朝的印象而言，是谁建立了帝国呢？谢谢。

欧立德：

我想这是一个很好的问题。问题的关键恐怕是时间。因为，当马嘎尔尼到达这个帝国的时候，已经是满洲人征服中原一百四十多年之后了。对他们而言，帝国观念中消极的因素十分明显。而在17世纪，情形则是完全不同的。然而，我还是不认为马嘎尔尼使团在18世纪末期使得欧洲人对中国是否是一个帝国的看法有了多大改变。这一点甚至在一些对中国态度较为积极的人们的观念中也是如此。我们可以从乾隆的诗句中找到一些证据。按照我的看法，欧洲人在17世纪中期以前并未将中国视为一个帝国，此前他们对于中国的了解实在有限。但是，他们关于帝国是什么的看法在其17世纪早期的观察中产生了很重大的影响。此时，欧洲的三十年战争结束，签订了威斯特伐利亚条约。在17世纪40年代，他们借助此条约改变了这一国家系统中的权力格局。此一时代发生的两件大事产生了很重要的影响，其一是满洲的征服，其二是威斯特伐利亚条约。在一些欧洲人的眼中，将帝国与早期近代帝国联系起来会起到积极的效果，这影响了其对于帝国的看法。

学生：

欧教授您好，刚才您在演讲当中提到了刘禾的书 *The Clash of Empires*（《帝国的话语政治》）。

欧立德：

其实我指的不是那本书，我指的是 *Translingual Practice*（《跨语际实践》),没关系。

学生：

那她后来在《帝国的话语政治》当中提到了一个关于中国在鸦片战争期间对于"蛮夷"这个词的翻译。她认为西方的传教士把"蛮夷"这个词故意翻译成为了 barbarian。这样的一种翻译实际上是西方帝国主义的一个话语，而这样一种翻译也在一定程度上导致了之后的战争。那您刚才也提到说把中国看成是一个帝国这样一种行为，也是近年来西方所产生的一种话语表述。那您觉得在帝国这个问题上，是否也有当代中国和西方的政治冲突，比如在定义的表述上？

欧立德：

这个问题问得很有意思。对刘教授对 19 世纪清朝有关"夷"这个词的解释，我很不同意。中国历史记载里用"夷"这个词的例子太多了，而且它的意思往往是贬义的，这没话说。我曾经跟学生们介绍的一个例子是：大概是乾隆十三、十四年左右，乾隆皇帝已经和准噶尔部签订了一个条约。准噶尔部那时候是朝贡的这么一个部落，而乾隆的某一个官员上奏，说准噶尔是准夷。皇帝就很不高兴，说不可以用夷这个字来说准噶尔，因为他们现在跟我们是友好的，他们不是我们的敌人，我们不要贬低他们，不要说他们是夷。因为满洲人自己也知道有人说他们是蛮夷嘛。所以刘禾说是到了鸦片战争的时候，夷这个词才变得这样敏感，我根本就不同意。我也几次跟她说了，她都不听我的。我们有争论，不过这没关系。所以要回答你的问题，我还是觉得是两码事。因为夷本身，barbarian，这个他者、这个想法、这个概念在中国的历史很久；而帝国，我还是觉得就是西方的一个概念。那至于葛老师刚才说要是没有那个词是不是就没有那个物。我当然很同意，我们也许可以发现在中国的历史上没有帝国这个名称，但是有帝国这个事实的现象出现。但是我们如果要找它的话，必须要说清楚我们对于帝国的定义是什么，而不能乱用帝国这个词来写历史。我觉得不管是西方的史学家也好,还是中国的史学家也罢,我们是不是变得在思想上、在这方面有一点懒。我们的老师都说的是 empire,他们的老师们用的也是 empire,那我们就接着用了。但我还是觉得这个词的用法还是值得再一次地检视,要仔细地去看我们用 China empire 的时候到底是什么意思?是 China 么?还是清朝?如果清朝是一个帝国的话,明朝一样是一个帝国么?是一样的帝国吗?中国历代的王朝都不一样,有很大的不同。这句话,我想大家都会同意。那我们怎么去看它,怎么去比较?我想,我们对于用词还是要很谨慎。

董少新:
您好,欧教授。我想请教两个很小的问题。

欧立德:
他说小的问题肯定是大的问题。

董少新:
第一个,您说的卫匡国,他也接受了清朝剃发的措施,这对我来说是个新知识。那我想问的是,清朝宫廷里面服务的那些传教士,是不是都是剃发的?

欧立德:
没有。我在去年开始写这篇文章的时候,发现他的剃发,我也很惊讶。我想,可能是因为刚好他那年在北京,可能是他运气不好,也可能是他运气好,it is a good timing。据我所知,后来像汤若望,就没有让他剃发。有很有名的一位传教士留了胡子。康熙皇帝的儿子就开玩笑,表示要把他的胡子刮掉。然后,那个传教士就很不高兴,他不要刮他的胡子。我为什么举这个例子,是要说明他们好像有自由决定他们发式的权利。卫匡国是一个孤例,还是当时在北京的其他传教士也要剃发?我不知道,我只知道这么一个例子。

董少新：

还有一个小问题是，您讲西方的很多人接受这种观念是受了清人对中国的征服的影响，好像是军事征服给他们造成了一种更像帝国的印象。您刚才在报告里也讲到了卫匡国书的书名。其实那两个中华帝国都指的是大明，而不是大清。这个是不是我听错了？还是其中是有一点矛盾。

欧立德：

对于这个问题，我也想过。我们可以用这个地图来说。这个地图的名字显然是中华帝国，它的范围显然是内地。那为什么要把它说成是帝国？是因为他们知道内地是属于大清的更广大的领土的一部分呢，还是他们在回想明朝的时候，觉得当时他们没有认清楚明朝是一个帝国，而是在后来才发现它是一个帝国。这个道理我很难说明白，我不太理解。如果他们是到了明朝灭亡之后才认为明朝是一个帝国，这个我是解释不了的。所以我还是觉得他们对帝国的看法，是在大清国入主中原之后，大清国的内地或者是别的地方，都一样是帝国的一部分。这个我还不完全理解，你有什么想法呢？

董少新：

我可能会认为在传教士眼中，他们对中国有了一个帝国的概念，应该是在明末。就是说并不是取决于他们对清王朝的印象，而是在明末的时候已经有一些传教士称中国为帝国。当然，他们有称王国的，也有称帝国的。

欧立德：

那称帝国的文献请你给我介绍一下，可以吗？

董少新：

对，有一些文献是称中国帝国的。

学生：

我记得不太清楚了,有一位学者提及了明末尤其是崇祯年间中国的情形。我想,我们的确是可以将中华帝国与罗马帝国作一些比较。第二点是一个小问题,您能谈一下鞑靼的问题么？有很多类型的鞑靼,在我们对其进行界定的时候,其在欧洲的文献中与满洲有何异同？

欧立德：

没有一个非常清晰的定义。鞑靼可以被用来指称很多的活跃于北方的游牧族群。有中国的、北方的、东方的、西方的,有如此多的鞑靼。并且,他们之间的边界也不甚明晰。在俄国的一些文献中,鞑靼一词的拼读也是不一样的。多年前的一篇论文中对满洲和鞑靼人作了界定,试图厘清不同种类的鞑靼人,但还是不成系统。有趣的是,在欧洲人的想象中,在中国人的想象中,同样一个词（鞑靼）会有不同的含义。谢谢你提到的这一点。

齐光：

您好,欧教授。我又谈一些具体的问题,就是您是怎么理解满语的"固伦"这一词的。因为我们知道,从1636年建立大清政权以后直到康熙初年的清朝实录,像这样为皇帝歌功颂德的这些皇朝文献里面,它里面说到了"明固伦"（明朝、民国）、"朝鲜固伦"、"察哈尔固伦"、"科尔沁固伦"。所以,在大清国下面也有国,您是怎么理解"固伦"一词的。那么由很多国联合起来,它成为什么呢？是固伦还是会成为蒙古语和满语中所谓的"多伦"（doron）一词呢？您是怎么理解的？谢谢。

欧立德：

这个问题和鞑靼的问题一样令人头疼。我也写过一篇关于"固伦"的定义的一篇文章,但是那篇文章有一点失败,到最后还是很不系统,有的时候觉得是朝,有的时候觉得是国,有的时候觉得是一大群人,甚至没有政体的一群人,我们可以说是部落。这个"大清固伦"(我们说大清国)的"固伦",如果我们说大清国是一个帝国的话,那大清固伦的"固伦"也就是帝国的意思,不是吗?当然文献里面,像你刚才提到,也有"多伦"这个词,但它比"固伦"在满文中还要抽象。它的用法,我想还是比较接近正统的意思,所以我还是不觉得你说几个固伦会和在一起,就是一个"多伦"。我没有这种感觉,我没有找到有记载可以证明这一点,不过这值得思考。谢谢。

学生:

欧教授,我有一个问题,就是您刚才在讲座里面向我们描述的基本上我可以理解成是一个东西方相遇的过程。实际上您向我们描述的帝国的概念在西方和东方两方面的变化,那按我的理解,实际上就是一个西方的国家形态逐渐影响全球的过程。在这个过程中,传统的中国必须要找到自己的位置,它也必须要找到一个词汇来描述自己。那您刚才的讲座让我们看到了它是怎么找到这个词的。但从您向我们揭示的情形来看,帝国一词有很多的不协调感。它是一个西方的词,用来描述传统的中国会有很多不协调感。那我觉得这种不协调感是必定会产生的。我不知道如果我们现在不能把传统的中国称为帝国的话,那您称它为什么呢?类似的问题,比方说民族国家这个概念也是西方来的,同样,我们可以追问今天的中华人民共和国是一个民族国家么?这还是有很多的不协调感。我们就生活在这个不协调感之中。

欧立德:

谢谢。也许我说得不够清楚,我的意思不是说传统中国不是一个帝国。我的意思是说传统的中国不是一个帝国,也不是一个王国,因为传统中国不是一个政体。我们可以问这个问题,清朝是不是一个帝国?那我回答是,清朝就是一个帝国。我愿意认同这个概念。那明朝是不是一个帝国呢?这个问题也值得讨论。我不搞明史,但有些地方我们如果按照一些客观的标准来说,它如果符合了这些标准,它就是帝国,反之,它就不是一个帝国了。

那明代的政体、社会和制度，如果是符合这些条件的话，可能它就是一个帝国。在我看来，史学家们用中国这个名称来概括所有的王朝的这样一种习惯，是会有很多不清楚的地方的，会造成很多误解。我宁愿用各个王朝的名称，根据其在政治上、文化上所处理的不同问题来指称这样一种情形。但你刚才提到西方概念的全球化，我们都要生活在这个世界里面，我完全理解。我觉得我们可以用帝国这个词汇来描述古代的政体，但我们不要把这个政体说成是中国，因为这些政体都不一样。它们是依照一种理念来认同于它们之前的政体的，但我希望我们不要也用这种理念来约束我们自己现在的想法。

葛兆光：

我想补充两句。欧立德教授的意思是说，我们不要简单地、笼统地用一个帝国的概念来描述两千多年的历史，各个王朝的情况是不一样的，就像我们不能简单地用"中国"这个概念来描述历史上的各个王朝一样。确实是像欧立德教授所说的，中国历史上的王朝，没有自称自己是中国，它是明国、宋国或者唐国。他是为了在历史研究上更加精细、更加清楚地界定各个王朝的性质，所以才要讨论帝国这个概念。

学生：

谢谢欧立德教授。我的问题主要是来自于大概十几年之前美国的一位学者 James Hevia（何伟亚）。他在中国引起了一番争论，主要就是源于他的《怀柔远人》(*Cherishing Man From Afar*)。那本书的一个很重要的影响，就是使很多人重新去思考清朝到底是一个怎样的王朝，它是不是建立在一个多重身份的基础之上的。正如您刚才讲到的，它的君主一方面是满洲的皇帝，一方面是汉族的皇帝，一方面还是蒙古的汗。那么，我想了解的一个问题就是，像何伟亚的研究这样一种探讨清王朝的理路跟您昨天讲的这个新清史的方法有着怎样的联系。另外一点就是说，如果我们在讨论帝国这个概念的时候,是不是还有一个路径,就是来讨论东西方帝国的接触。比如说,如果说您认为清朝是一个帝国的话,那同样的道理,当时在马嘎尔尼的事件当中,英国也是一个早期近代帝国。那这样的一种讨论会不会对我们解决这个问题有帮助?谢谢。

欧立德:
你认为会有帮助吗?

学生:
我觉得应该是会很有启发的。因为其中很重要的一点是说,您刚才也讲到了,我们中国人什么时候用帝国这个概念来描述我们自己。那我同样可以问一个问题,就是我们什么时候用帝国这个概念来开始描述外国。也可能在一开始的时候,我们把英国人称为英夷或者什么其他的名称,或者是把它当成一个朝贡的国家。那什么时候我们开始把外国理解成一个民族国家或者帝国。这也能够标志我们对这个概念的理解已经发生了转变。我想这是不是可能成为我们讨论这个问题的另外一种办法。谢谢。

欧立德:
我想第二个问题你自己已经回答了。你提得很好,我没想过这个问题,就是中国什么时候用帝国这个词来形容外国。你知道吗?我不知道。

葛兆光:
我也不知道,这个要查文献才能断定。

欧立德:
这个问题值得探讨。至于所谓新清史和何伟亚的那本书之间的关系,我觉得何伟亚那本书当中的一些提法,新清史把它作了更详细的分析,好像是把他的一些研究具体化了。这样一来，就打开了一扇门。这扇门打开之后，我们就可以去讨论一些具体的制度，例如他，就把英国使团来的时候采用的礼仪制度作了一个分析和比较。当然，我不知道是不是新清史从何伟亚的那本书中得到了什么。何伟亚的分析在十五年前的美国引起了很大的争论，那个时候我是助教授。我还记得有一次在洛杉矶开了一次讨论会，艾尔曼（Benjamin A. Elman）也参加了，专门是讲《怀柔远人》这本书的翻译好不好。现在回顾来看，这本书现在的影响究竟有多大，我很难说。他想说，这不是帝国和帝国之间的冲突，只不过是文化之间的一种妥协。这种解释，这种文化研究的思路，到最后我觉得还是一个尚待解决的问题。我想，对于马嘎尔尼问题的传统理解，还比较强大。就在上个礼拜还是这个礼拜的 Economies（《经济学人》）里面有一篇文章，不知道你们看了没有，开始就提到马嘎尔尼。好像要谈到中国外交不提到马嘎尔尼不行，这篇文章好像还是没有受何伟亚的影响。

学生：

当中国人用"帝国"一词来描述一些其他国家的时候，我们知道"帝国"一词是从日语的"帝国"一词借用过来的。这一转译的过程如何，是什么因素促使其用这样一个词汇来对应 empire 还没有采用其他的语汇呢？我希望了解这一过程。

欧立德：

这也是一个很重要的问题，但我没有一个很准确的答案。在一些日本人讨论这个概念的时候，他们已经注意到了 Keizerdom 和 kingdom 之间的不同并有过相关的讨论，但我们对这一对话的具体情况并不了解。我们所知道的是，在他们试图在汉字的语汇中搜索一个能够反映出 Keizerdom 这一政权模式的时候，他们找到了"帝国"一词。对于这一词汇如何在日语中被接受为对于 empire 一词的翻译，我的确知之甚少，不能有一个很具体的答案。

而在这一词汇被中国人所接受之后,它的确在20世纪10年代被冠于中国之后,并使其能够与国际社会在政治上相互交流。随后,帝国一词也在其他领域也被中国人所采用。中国近代汉语中的许多词汇都是从日本借用过来的,一些书有专门的研究。但是,这些词汇又有其在中国汉字中的源头,不是吗?但empire一词似乎不属此类。

学生:

欧立德老师,您好。您刚才说在中国传统的语言中很难找到一个词来形容帝国这样一个概念。但如果出现了具有多元性的王朝的话,我们在汉语中会发现有一些很简单的词汇,能够形容这种事实。比如说当李世民成为天可汗之后,有一次他的突厥降臣执失思力就对他进谏说:陛下今为夷夏之主。也就是说把夷和夏合在一块儿,来作为帝国的一种称呼。另外,就是当元朝入主中原之后,一些汉族人就会用"华夷混一"这样的词汇来表述。当然,当清朝的时候,因为对夷狄这样的一些词汇比较忌讳,所以就会用"中外一家"来形容。所以我认为,虽然没有帝国这样一个词汇,但类似华夷混一、中外一家这样的词汇,是不是也能表达这个意思?

欧立德:

这个值得考虑。这是一个名词吗?

学生:

就是用华夷混一、中外一家这样的一些词汇。我个人认为他描述的就是一个帝国。

欧立德:

对,有很相似的地方。

学生：

谢谢欧立德教授。最近我也读了一本海外学者写的讨论清朝的书。一些人将清王朝视为一个传统的帝国，另一些人则将其视作如同奥斯曼土耳其帝国和莫卧儿帝国一样的帝国。但一些特征又彰显出其与现代帝国，如大不列颠帝国或者法兰西帝国的相似性。您对此有何看法？第二个问题比较私人，为何您会选择中国历史作为您的研究领域？谢谢。

欧立德：

清代是怎样一种类型的国家，这是一个需要花很多时间来讨论的研究课题，我也没有一个很好的答案。我认为，这取决于你如何看待、从哪里看以及你在清帝国内所到达的地区。与身处北京的传教士们相比，如果你从地方社会、地方行政系统的角度来看，他们的宗教信仰等各个方面，可能并未受到多少中央政策的影响。如果从这一层面上来看，清朝也可以说是一个传统帝国。但是如果从其他的地区来看待，比如你若是处在福建的海岸地区，在17世纪后期（康熙朝中期），它让很多人迁离。如果郑成功的势力没有占据台湾的话，这在传统帝国而言似乎是不必要的，这里有种族的问题。如果我们从这个角度来看，清朝又不是一个传统的帝国。因此，在我看来清朝是一个混合体，许多我的中国同事都不太喜欢采用这个词来描绘这样一种情形。也许，我们应该找一个更合适的词汇来讨论这个问题吧。无论如何，"混"一词意味着边界的模糊性。我想这是一个建构和改变的过程，其变化发生在19世纪，而在17、18世纪，则基本维持了一个稳定的状态。最后，关于我为何选择中国作为研究的对象。我之所以涉足中国的研究，主要是因为在大学当我开始学中文的时候，遇到了一位非常好的老师。他鼓励我到台湾，后来又到沈阳做研究。1982年我在那待了一年。当我在东北的沈阳待了一段时间之后，我对清史产生了更大的兴趣。因此，在选择这一研究领域的过程中，我身边不同的老师们发挥了重要的作用。谢谢。

葛兆光：

好，我们时间也到了。谢谢各位，也谢谢欧立德教授，这两天他非常辛苦。也谢谢这么多人来提问题，我们的报告会到此结束，谢谢。（掌声）

谢一峰　整理

陈妤姝、梁辰雪　校对

对"比较"的再思考——以近代早期中英讽刺文学为中心

主讲人：博达伟（David Porter）
主持人：董少新
时　间：2013年6月14日

博达伟(David Porter)

  美国密歇根大学英文系教授、中国研究中心研究员。主要从事17、18世纪中英文学、文化潮流的比较研究。著有《象形文字：前近代欧洲的中国密码》(*Ideographia*：*The Chinese Cipher in Early Modern Europe*, Stanford University Press, 2001)、《十八世纪英国的中国品味》(*The Chinese Taste in 18th Century England*, Cambridge University Press, 2010)，编有《前近代性的比较研究，1100—1800》(*Comparative Early Modernities*, 1100—1800, Palgrave, 2011)等。

董少新 | 复旦大学文史研究院研究员，主要研究领域为中外关系史、中国天主教史、明清史、东亚海域史、科技史等。

董少新：

各位老师各位同学，非常感谢前来参加我们文史学院的文史讲堂。今天的文史讲堂我们有幸请到密歇根大学英文系教授、中国研究中心研究员博达伟(David Porter)教授为我们演讲。他的中文名字叫博达伟，又"博"，又"达"，又"伟"。他今天的演讲题目叫作"对'比较'的再思考——以近代早期中英讽刺文学为中心"。博达伟教授长期主要从事17、18世纪中英文学文化潮流的比较研究，他的著作有很多，其中有两部，其中一部叫作《象形文字：前近代欧洲的中国密码》，还有一部叫作《十八世纪英国的中国品味》，以及《前现代性的比较研究》这样一本书，他主要研究兴趣，他长期思考的一个问题就是如何将18世纪的中国和英国放在一起思考，一起考察，他还有很多的研究兴趣，比如说现代性、流放文学、网络文化、旅行文学和羁旅研究，等等。那么下面我们就请欢迎博达伟教授为我们带来精彩的演讲。（掌声）

博达伟：

谢谢。学生们，你们好！首先我要热烈感谢复旦研究员葛教授邀请我今天下午来讲演，而且我要非常感谢今天为演讲所做的一切安排。我特别荣幸有机会再次与大家分享我的一些研究心得，我今天要探讨的是一个方法论的问题，就是探讨如何对同一历史时期不同文学传统加以最优化的比较。为回答这个问题，我还是用英文来讲吧，真的不好意思，我是英文系教授，汉语讲得不够好。

在讲座之前，我想先给大家展示一下我演讲的内容大纲，因为今天所要讲的题目有些复杂，所以我想先给大家列一列提纲，帮助大家跟上并理解讲座内容。我今天的讲演主要由五部分组成，系统说明如何用这种方法论指导近代早期文学比较研究。首先是问题的提出，即为什么我认为在近代早期文学研究中需要一种新的比较方法。其次，我将以中英文学传统为例，解释这种比较方法如何在研究不同文化背景的文学作品时发挥作用。然后我将集中介绍这个方法论，提出一个至少在近代早期文学研究中有所创新的比较方法，即类比性比较，我会花一些时间讲讲如何将这一方法论应用于特殊的个案。最后我将说明这种对比方法对世界文学研究的意义和影响。现在就让我们开始。

21世纪初的几十年里文学研究与其19世纪本源之间矛盾渐起。致力于单一国别文学研究的学者们在传统标准束缚下也愈发显得放不开手脚。尽管这些传统的研究准则有一定的弹性，但在这个高度全球化的时代，日益开放的世界观使得这些传统更显狭隘。比较文学在诞生初期很大程度上得益于时下颇受质疑的文化民族主义，有责任开创出一套与其自身特点相吻合的研究范围和研究方法，同时摆脱本质主义和普世主义的消极影响。而也正是这种对狭隘本身的局促不安把跨越国境的文学研究新范式推向了文学研究的前沿阵地（我认为目前我们就身处这样的前沿阵地，跨越国境的文学研究已经成了主流的研究范式）。与单一国界内统一自足的文学疆域不同，这种研究方式将我们的注意力转向了边界自身的复杂性以及边界周围和超越边界之上所发生的一切。后殖民、杂合以及世界文学的概念组构为我们展现了文学的躁动不安与移动性（即文学是在不停的运动之中的）。而正如我们所见，当下发生越发频繁的接触、侵吞以及流动和迁徙打破了静态文学的固有观念,也使仅以时空溯源作为标定文学作品唯一依据的研究方式均以失败告终。

作为理论研究的对象本身,世界文学日益凸显的重要性确立了这些新研究范式在理论研究中的地位(这些跨国研究范式的地位变得愈发重要,其标志之一就是在美国有越来越多的文学系开设了世界文学的课程)。世界文学最具影响力的概念使我们逐渐抛弃将国家作为文学组织框架的旧方法,去探寻能够更好捕捉作品宏观流散意义的分类新途径(所谓流散指的是文本总移向其他地方的趋势)。

简单说来,文学研究就是研究运动中的文学,就是分析日益全球化的文学世界中不断拓展的接触地带,就是研究随之而来的作品传播、适应、侵占与混合的过程。我们必须承认这些过程在过去的一个世纪中明显加速,以至当代世界文学研究常看似朝主流现代主义方向发展(也就是说世界文学的研究主要集中于20世纪,全都是20世纪50年代后出现的作品,早期作品的研究则寥寥无几)。而作为主导的研究范式,其对于近代早期文学研究更显得意义非凡,因为它强调了一种趋势,一种在文化史其他分支研究领域中的主流趋势,使具有国际研究视野的研究者挣脱传统狭隘学科视野的束缚,转而关注近代早期国家和地区间的接触、移动和传播。这一关注点在我个人的研究领域——近代早期中西文学比较中得到了很清晰的体现,近年来不少专著和学术会议都是很好的证明,发起了对地理大发现、文艺复兴时期、18世纪欧洲消费文化、莫卧儿帝国古典时期、万历康熙统治时期中国文化兴盛的再思考,发现它们并非孤立而生,而在彼此间有着超越通常理解的和谐共鸣。

与作品分类在空间轴上边境的消融一样,时间轴上传统的时期概念也正逐渐消失。传统概念强调对作品时期的划分,对一部作品的最初把握依赖于其诞生的时代背景,继而落入历史本质主义的窠臼。这种在我们称之为"文本"和"创造作品的历史时期"之间划清的界限抑制了作品的生长,两者终而摆脱不去彼此的束缚。和作品的解读、影响和译本相比,我们是否就应当更看重文本以某一形式出现的初始时间？近来对世界文学概念的新解带给我们的启示是我们可以在一个重读与改写的动态生命周期概念中打破时间的固有范畴，重构对文学历史的认识。文学需要某种历史支持以防止滑落入普世主义的陈词滥调。但它与过去的联系却并不一定能够简单纳入严格的历史主义范畴。作者的创作是多元化身份中的一种，某一个或一组文本所蕴藏的再造力同作品的诞生环境一样，都可作为作品的标志性特征。以生命周期取代传统时期的范畴划分不仅为独立文本解读提供了全新视角，也为文学历史研究开辟了弗兰科·莫莱蒂（Franco Morletti）所说的宏观量化分析之路。也就是弗所说为对尚未划归任何一种分类范畴的99%的世界文学作品做出合理解释，我们唯一可以寄予希望的途径就是宏观量化。树木、海浪、相斥、相吸，这些在他看来都是文学历史的塑形力，而要意识到这一点，我们就需要把目光聚焦于文学文本和思想在时空中的运动，而不只是它们的出版日期。

代表这一趋势的是对各种文化交流现象的关注和研究兴趣的猛增。郑和下西洋、利玛窦构建沟通文化桥梁、欧洲绘画技巧传入中国宫廷、中国瓷器走入西方世界上流社会，甚至是加文·孟席斯（Gavin Menzies）异想天开的伪历史都吸引了一大批追随者。他声称是中国在1421年发现了美洲新大陆，继而又在时隔13年后在对意大利的一次偶然探访中点燃了意大利文艺复兴之火。近来由一位中国史学家创作的最成功的著作为我们展现了这一时期跨越国境的研究视角的力量和魅力。在《维梅尔的帽子：十七世纪及其全球化世界的曙光》这本老少皆宜的书中，卜正民（Timothy Brook）向读者以别具声色、让人眼界大开的描述解释了来自不断扩散中的各国的商品和人是如何在北美自由贸易协定和沃尔玛诞生几百年前就开始启动全球化进程了。维梅尔的墓碑在代尔夫特①一座旧教堂里被人偶然发现，这引起了作者对这位画家作品的痴迷，对其中的五幅画作的深入解读就成了书中各章节

---

① 荷兰西部城市。——译者注

的创作灵感。当我们和作者一道细细品读每一幅杰作时,我们就会发现自己俨然已经越过了代尔夫特的斯希河,经北海到达西班牙,又经过阿卡普尔科(墨西哥南部港市,译者注)、张伯伦湖、马尼拉、韩国、日本,当然还有中国。画作中描摹的细节之处——河中的驳船、瓷盘、呢帽都无一不揭示出画布上中产阶级闲适生活背后隐藏着的扣人心弦的故事:有激烈交战、海上抢夺,也有俘虏、宗教皈依和大屠杀。或许这并不令人惊奇,作者的汉学背景让读者总感觉在维梅尔及其之前的几个世纪里,从许多方面看,世界的中心是中国,而不是欧洲。同样重要的一点是,维梅尔的画作和卜正民的惊人发现为我们揭示了17世纪的世界是一个内部相互联系的世界,翻译和跨文化交流在画作内外意义的实现中扮演了重要的角色。

与近来沿着这一思路出现的研究发现同样丰富和重要的是,跨文化研究范式在其自身以更广阔的全球视域对早期现代性进行的再思考中引入的不协调因素。强调接触和移动性,修正受限于国界的对文化发展的狭隘解读,可能会模糊这样一个不易觉察的现实,即近代早期社会中出现的绝大多数作品的移动性都很有限,至少在传播上比国际化大都市的边缘地带大张旗鼓的扩散要受限许多,更不必说个人了。换言之,冲破狭隘视野激情可能使我们忽视了地区个性。在一个仍以欧洲中心编年史为主流的背景中,我们更习惯于对现代性做单向扩散的解释,而先进社会的个性特征,不论在意识形态、自然科学还是美学领域,似乎在一个或多或少神秘化了的自发繁衍过程中首先出现,这种自发性繁衍从阿诺河肥沃的泛滥平原、塞纳河和泰晤士河向外扩散至全球范围。这种解释本身植根于19世纪欧洲的殖民主义经历,虽然经过一段时间的发展,但甚至在二战后期现代化理论、科技决定论和世界历史学派中的"欧洲奇迹"现身,仍很大程度上保留着相当的理论前沿性。

与之相比,更为隐蔽的扩散趋势也在左右着近代早期文学研究。我们是否常会读到这部或那部经典作品(莎士比亚、洛克或是笛福的作品)或者体裁(小说、随笔或是浪漫抒情诗)或者17、18世纪英国的历史发展(纸币、咖啡店或是消费者文化)预示着"现代学科的诞生",抑或是简单的"现代性的诞生"？这样的观点中是否常常暗示着这些现象是某种意义上英格兰特质文化土壤中培育出的新教教义、帝国雄心、重商尚勤、实践观感、热爱自由以及文学天分？追溯文学现代性的源头，不如在我们葱郁的文学后花园中寻找答案。当然想象也不为过，因为文学本源就是自想象而来的。

而中国进入研究视野后，跨文化主义研究需要应对的首要挑战就是时下所称的"冲击—回应"模型，这一模型深深植根于扩散主义，至今仍有着强大的生命力。这一模型在20世纪上半叶被中国革新派和西方汉学家广泛接受，代表了东方主义视域中一个发展滞缓的大国，禁锢于令人窒息的传统枷锁之中，等待西学的西斯廷之触碰①带来一系列轰轰烈烈的革新，缔造出一个"现代"中国。尽管近来有学者对这一模型提出了异议，强调中国历史的不连贯性及其复杂的内部变化机制，但仍不断有学者对中国"现代化失败"的问题进行执着探索，这也说明在这种"冲击—回应"模式背后巨大的渊源差异依赖于丰富的历史想象。从这种意义上来说，对"世界文学"的跨文化视角诠释的优势使莎士比亚、米勒、易卜生等大家的衍生作品在19、20世纪的中国获得了绝对的单一评价和普遍诠释。与此同时也带来落入刻板乏味俗套的危险，将高雅文化的假象用作文化的陈词滥调。

因此除一国文学唱主角的历史和跨文化主义对殖民主义思想的被动改写外，我们还有什么其他选择？汉语里有个成语叫"井底之蛙"，意思是让我们反思住在井底的青蛙的生存状态，自我陶醉于头顶的一方天空，认为那就是已知的宇宙。这个成语的深意回应了乔纳斯·费边（Johannes Fabian）对文化研究中盛行的"共有价值之否定"思潮发起的尖锐批判。用他的话讲，这种思潮致使人类学家、历史学家等深陷其中，就好比陷身于辉格党主义者对现代性的目的论解释一般，进而导致非西方社会经验降格为遥远静态的"传统"过去。成语里的寓言故事和费边的尖锐批判共同强调的一点是，我们正在努力将欧洲及其历史重新定位于一个不断开阔的全球化背景中，而

---

①西斯廷教堂著名画作《亚当诞生》中上帝伸手触碰亚当赋予其生命。——译者注

在这一背景中它们的优越性将不再得到认可。

　　为实现这一目标的最直接方法是更好地适应,在某一特定时期不同地理环境中出现的格局。除了贯穿书中一切人与物的迁徙外,《维梅尔的帽子》一书还提醒我们虽然受不同传统影响,16、17世纪位于欧亚大陆两端的文化却有着许多相通之处。即便之后东方主义就神秘莫测的中国和东西方间无法弥合的差异大发言论,卜氏在书中展现的17世纪的荷兰和中国繁盛商业城市的精英阶层在生活和价值观上都有着惊人的相似之处;不论是对瘟疫的恐惧还是对迅速扩散奢侈品带来影响的担忧;不论是对烟草和瓷器的喜爱还是对银制品无休止的追求。其他诸如彭慕兰(Kenneth Pomeranz)、王国斌、维克多·李伯曼(Victor Liberman)之类颇具全球视野的政治、经济历史学家,在被广泛引用的新近著作中指出这种来自跨地区视野的对早期现代性的宏观把握有效地补充了对某一特定地区发展分析的局限。

　　我们看到这种研究方法对比较的关注,对各国文学传统间关联性研究的补充,且为有关移动性术语的表达增添了回响、平行、相似等新语汇,但我们不禁要问后民族主义文学研究中的这种方法前景如何?奇怪的是,虽然向这一范式的转向在世界历史学领域可算是研究前沿,在文学研究领域却几乎是一种倒退。因为文学的实质(或许更为重要的是文学研究的实质)过于单一,过于主观,过于个性化,过于特立独行,总之可比性太差,以至无法抽象,甚至无法综合,构建系统的比较框架。强调差异的对比研究中具有代表性的是赫尔德(Johann Gottfried Herder)宣扬民族精神有力的目的论观点;而趋向于共性的研究则似乎受到了20世纪初民俗语汇和集体无意识研究中对共性准神秘探求的影响。

　　鉴于这些研究方法遗存的自身的局限性,我们有必要明确一点:20世纪前那些遥远看似毫无共性可言的文学传统往往是通过与欧洲作品的一一对应得以理解的,这种一对一关系的建立精准程度之高,范围之广令人惊讶。我们常说歌德(Johann Wolfgang von Goethe)在与约翰·艾克曼(Johann Peter Eckermann)于1827年1月的一次交谈中宣告了世界文学时代的到来。但这次交谈的内容却常被大家忽略,歌德的这次交谈是关于他刚读过的一部中国小说的译本,他说:"中国有数以千计的小说……他们读小说的时候,我们的祖先还在树林中生活。"当想起他所读中国小说与理查森(Samuel Richardson)和自己所著小说惊人的相似之处时,他继续说道:"我越来越坚信诗歌是人类共有的财富……世界文学的时代即将到来,我们都必须为加快这一时代的到来而做出努力。"

在歌德宣告世界文学时代即来的随后75年里,中西方文学传统中有无数的相似相通之处得以发掘。由于当下的研究范式强调中国在其他领域中的变更性,学习中国文学的学生常常会因发现东西方文学作品在许多方面都存在相似之处而惊喜不断。"我们会意外发现自己正在研究的诗歌与其他差异悬殊的语言创造的诗歌,在音步数量、长诗的停顿和尾韵上竟是如此相似。"这些意料之外的相似之处当然不仅限于诗歌的形式特征,评论家还注意到不同体裁之间的共性,他们将中国戏剧与希腊歌剧,儒家教诲与圣经箴言,中国小说与理查森、菲尔丁(Henry Fielding)的现实主义作品相比,将它们置于一个平凡世界中,普通中产阶级人物在其中用市井方言交谈。中欧文学传统中的作家个人和作品也常拿来比较,孔子与亚里士多德并称;庄子成了中国的帕尔米尼底斯(Parmenides),司马迁成了汉代的希罗多德(Herodotus),《康熙字典》是未删减《韦氏大辞典》的前身。被公认为中国诗歌黄金时期的盛唐,与英国的奥古斯都时代相提并论,杜甫与德莱顿(John Dryden)、李白和亚历山大·蒲柏(Alexander Pope)。

即便是在近些年也常见到研究中国文学的西方学者为中国之外读者提供熟悉参照点,在两种文学传统中某些作品或体裁间找寻相通之处。比如17世纪叛逆作家李渔的讽刺艺术可以大致与奥斯卡·王尔德(Oscar Wilde)或萧伯纳(George Bernard Shaw)的讽刺艺术相比,而汤显祖的爱情悲剧《牡丹亭》则可大致与同时期的《罗密欧与朱丽叶》相较。但这类比较多数只是昙花一现,它们在划归作品功能外的其他可能作用经常被简单忽略。

在不同文学传统间建立稳固比较关系的做法的确值得质疑。通常当我们通过对表面的相似或相通之处的观察,建立起比较关系时,应当警惕将完全的随机巧合解读为熟悉的类比模式,提防这种文学中的罗夏墨迹①,尽管它可能通过丰富想象解读出无数令人赞叹的人物来。即便某一组作家间的对应关系看似天衣无缝,当我们冷静地考察个案的重要性时,很可能会发现这不过只是一个圆与其切线间的触点,而非一组同心圆间的对应。

对于学习中国文学的学生来说,几何学家给我们忠告因后东方主义对某一学科传统的沿承而变得更为复杂。这一学科传统因其将西方类型投射于中国的极端做法而备受指摘,它在西方准绳之上衡量中国成就,其中最具代表性的观点之一就是早先(至今仍旧)认为中国作品在某些关键方面缺少先进且富有生命力的文明滋养。不论从文学还是社会学角度看,在现代英国初期出现的小说与中国的小说间存在一些有趣的相似性。但在这种观点看来,这种将对"早期现代性"历史个性和"小说"体裁特点的惯常解读与期待直接出口的做法,将无疑得出一个我们再熟悉不过的结论,即责难中国没能出现蒸汽机或简·奥斯汀(Jane Austen)的小说。

对这一结论可能的回应是一种广泛的冲动,对未来的批判比较文学研究者来说同样不无问题。这种冲动拒绝反对者的声音,直接展示中国历史中深藏的土生土长的术语、概念和发展阶段。这些阶段体现了中国在各种问题:民主、人权、个人主义、人文主义、归纳逻辑及一切其他被认为在现代思想中缺少的关键特征中的表现,使中国历史摆脱种种责难。这种"我也如此"式的恢复中的思想史不过是把东方主义映射的比较关系改换一个不同的基调:前者比较的结果是中国传统的缺失,后者则认为其自给自足。但两者都源自欧洲中心主义有关比较研究合适标准的假设。

因此,如果系统比较要成为替代或补充跨国主义、着眼于关联和移动性的世界文学研究方法获得认可,就需要方法论上的革新。几何学家的忠告让我们在交叉与全等之间有所区分,似乎最为一目了然。简单说来,相似点

---

①由瑞士精神医生赫曼·罗夏克(Hermann Rorschach)编制的人格测验。——译者注

越多,比较研究的基础越牢靠,基于诸多相似点的比较研究比基于单一相似点的研究更可靠。在两个或多个文学历史背景中出现的分散相似点越多,它们出现的偶然性就越低,越有可能将其理解为结构上的相同、相近,或至少是几何意义上的相似。进而对弗朗西斯·培根(Francis Bacon)所称的"种族崇拜"(由于一般人性或种族关系而产生的谬见)——在现象中人为添加规则的倾向——正是对相似现象做出的有力的宏观历史解释。这些随意做出的假设不能局限于文学传统彼此接触的例证,而应尽可能囊括大规模系统性的现象——比如全球气候变化,全球贸易网络或经济圈的重构等等——这些现象往往会对毫无可比性的地区产生相似的影响。

从这些标准出发,现代化初期的中英文学的对比为比较研究提供了富于潜力的个案。这两个看似迥异的文学环境的融通因其政治历史独特的相似性得以实现。在两个国度17世纪30年代影响广泛的叛变首先都引起了内战的爆发,最终导致17世纪40年代一场改朝换代的巨大变革,继而又都经历了18世纪皇权的巩固和扩张。两个国度中的历史学家考证出这一时期商业活动的迅速发展,城市贸易中心的急剧扩张,新奢侈品的大量消费,以及精英阶层对异域艺术品和建筑设计效仿的热衷。因此我们在欧式宫殿风格设计的圆明园之后,又看到丘园中建起了中国塔。这种商业的扩散不仅与不断升级的社会移动性及随之相伴的对社会混乱的焦虑,对奢侈品带来道德影响的争论相联系,还和以划分阶级为目的、将品味具体化以作为不同消费形式的评价方式不无关联。尽管在个人信仰问题上这种任意联系很难辨别,但我们仍惊奇地发现两国在宗教和哲学领域中的人文主义导向都更强调为自我完善承担责任,这一目标的实现则需要通过个人对标准文本的理解和对自身行为的认真审视和记录。

这种广义上的共鸣模式延伸到文学领域,并在通常认为差异明显的地域间发挥作用。这一时期中英两国的商业出版物数量猛增。新兴读者群带动新兴体裁的涌现,各类出版物在两国开始盛行起来:报纸、旅游宣传册、行为指南、美食手册,同时也出现了自传体文学、随笔、女性诗歌等创新作品。

非纪实类乡土文学作品越来越注重用平民化的语言描述普通人的平凡生活,在两国都受到读者追捧,随之带来一系列相似的次体裁,包括非纪实文学中的情爱、犯罪、伤感、家庭及色情等不同体裁模式。

我们发现小说的主导地位在中英历史中几乎是在同一时期,通过迎合读者相近的阅读口味和意愿得以确立的。在社会现实主义的叙述策略方面取得的相似突破归功于《金瓶梅》(1610年版)的作者"兰陵笑笑生"和执笔于近一个世纪后的丹尼尔·笛福(Daniel Defoe)。《红楼梦》创作于18世纪中叶,首次付梓于18世纪90年代,使其与理查森和简·奥斯汀同样擅于细腻心理描写的女性中心作品成为姊妹篇。口头特征渐强的社会批判在新兴的讽刺现实小说题材中找到了突破口。其中早期中国文学的典型范例要数吴敬梓的《儒林外史》,这部作品于1750年创作完成,在同一时期前后二十年里英国文学史中出现的与之格调相似的作品有亨利·菲尔丁(Henry Fielding)的《约瑟夫·安德鲁传》(1742)、奥利弗·哥德史密斯(Oliver Goldsmith)的《威克菲尔德的牧师》(1761)和托比阿斯·斯摩莱特(Tobias George Smollett)的《汉弗莱·克林克尔历险记》(1766)。

特别引起我注意的是与此相伴而生的方言小说中鲜明的讽刺传统。讽刺作为一种叙述模式,不仅是对语言和习俗中最地道、最独特的个性的回应,同时也是对更广泛意义上社会趋势的回应。中英近现代讽刺家在观点上的异曲同工令人称奇。熙熙攘攘的城市中心,恣意消费及传统规范的重新定位,为行动提供了共同的背景。而这一背景常与被遗落的乌托邦式的农耕社会形成鲜明对比。对都市生活的踌躇多出于各种财富的吸引和难以从追求财富过程中以道德沦丧为代价的急功近利中自拔。对贸易、金融买卖和资本积累持续的狂热追求意味着金钱象征价值的不断扩张,同时对商业活动态度的转变体现在于合同不可侵犯性上建立的新型商人形象的描绘。财富不断强调血统在决定社会地位中的关键作用,从而导致社会移动性的加速扩张以及传统社会等级的瓦解。

对这一美丽新世界的描绘在两国作家中都滋生了一种讽刺的超脱态

度,并将讽刺表达细化成为一种全新的主流修辞模式。读者与作品人物发生感应之前常用夸张语言对人物愚蠢行为进行一番嘲弄,而这种感应又有常用污秽荒诞细节得到加强,这些传统技巧常通过与现代堕落场景的对比重申正统道德的地位。虚伪、矫饰、高傲、纵欲及盲目社会野心是最受谴责的个人罪恶。其中隐含着更为广泛的对社会及助长这些罪恶的社会变化的谴责。社会现实主义的兴起,即对相对平凡人物日常生存平庸性更为细致的关注,在两种文学语境中都与社会批判主义并行,且在十八世纪中期盛行的喜剧小说中达到高潮。

所有这一切都证明了文学历史的趋同并非圆与其切线相遇那般稍纵即逝。罗列出的一系列相似点充其量不过说明稳固比较研究存在的可能。为得到更有意义的研究成果,得出有争论和探索价值的结论,而不要学雷普利(Robert Ripley),用一句"信不信由你"潦草收尾,我们就需要对比较研究这一概念加以严谨阐释,直击以上提及的研究方法的缺陷并做出明确回应。下面我将探讨这一过程中的四个关键部分,并结合每一部分内容说明早期现代讽刺在全球化或至少在后欧洲中心主义的框架内实现理论化的可能。

首先,在目前的文学研究中比较研究并不流行,这造成了比较研究核心问题即修辞形式的假象。将语言艺术表达最为淋漓尽致的文学形式非诗歌莫属,诗歌的精髓即隐喻。和与之极为相近的修辞手段明喻一样,隐喻通过在两种毫不相关的事物间建立独特的联系产生效果,给读者带来顿悟式的洞见,一种电光火石般的灵感让平淡无奇的语言迸发出令人兴奋的奇妙色彩。换句话说,隐喻就是通过比较产生新意义的。但矛盾的是,暗含于隐喻表达的比较越不明显,隐喻的效果越强烈。这样看来,所谓隐喻的"真值"就和相比较的两种事物或观点的现实相似程度几乎并不相关。而致力于精确衡量本体和喻体间的异同度的研究意义就显得微乎其微了。我们并不指望诗人证明所用隐喻背后的比较双方间的确存在相似性,也不会指望分类学家接受其表面价值。

此外,跨文化文学比较还常受到极端分类方法的影响。这种做法常常转变成一种文化形态,在庞杂的特征集中进行反复比对的一种游戏。游戏的结局有两种,很容易预测也无须进一步探究。不论研究的关注点放在某种修辞形式、文本还是更为广泛的臆想的体裁或诗歌特征,研究的目标始终是证明拿来做比较的两者本质相同或相异。近些年来从事中欧比较研究的学者对这两种结论产生质疑,且各自依靠对方的丰富的修辞资源大发言论。最终读者只得在不温不火的人文主义普遍价值与准民族主义例外论中无奈地做出选择。这样一来,我们很容易想到这局游戏应该不会有其他人想继续玩下去。

许多比较研究的问题并不在于比较本身,而在于其试图回答的问题。首先是量化研究目标,即对两种文化目标的异同度的评估,局限于其自身小范围的量化结果中。这是因为我们可以巧妙或用复杂的手段证明相应的特征集匹配与否。但如果我们放下分类学家的角色,而换成诗人,把我们的注意力从评估相似程度的高低转向收获多产类比结下的累累果实。还是那句话,不要让诗人证明所用隐喻背后的比较双方间是否果真有相似性,而要让他将这种相似性作为逻辑前提提出来,其他解释就自然随之而来。我所提倡的比较方法是将某种相似作为前提,以此出发探索由可称为"跨文化隐喻"开拓呈现出的开阔的对比空间。

如果我们不再将相似度的考察作为研究重点,就可以开始以一种更为微妙的方式思考这些相似之处所呈现的形式。这里我们又要借助几何学中的术语来进行阐释。"平行"现象就是几何学中最常被借用的术语,但其预设的严格的(一维)线性关系,用在表征复杂的文化形式上可能并不适合。"相等"的概念虽然在表述平原上复杂多样物种时能派上用场,但却对描绘混杂得多的人类世界不起作用。"全等"表示不完全等同的几何图形的边角相等,但对我们的研究目的而言仍然过于严格。"相似"概念允许整体比例上的差异,灵活度更高些。我们要找的关系定义要比这个概念更为宽泛,比如可以用来描述两个形状并不相似的三角形、方形或立方体间的关系。在几何学中,如果两个物体的某些或非所有相应部分存在相似关系,那么这两个物体就可定义为"类似"。而非技术层面上这种"类似"的概念更为贴近我们所讨论的在某种意义上"具有可比性"的人文主义主体的相似性。

　　对相似关系的清晰界定使人文学科中各种不同比较模式间的区分变得更为精确。而以上提到的两种我们熟悉的方法可描述为比较中的趋异比较和趋同比较，前者主要目的是体现差异关系，而后者则关注相似关系。以相对宽泛的相似出发的观察可以视为类似。或者如果不想强调比较的工具主义定位，那么则可以称之为相称，因为我们认为两者值得放在一起考量，而且这种"共同考量"可以作为深入探究的出发点，而不是定论的终结。倘若与趋同和趋异比较相联系的判断方式的本质是定量的，即考察相似度的高低，那么类似或相称比较所需的判断则是康德哲学意义上的美学主义。就好比一件艺术品或一个巧妙的隐喻，看似不同的文化背景的并置创造出的是富于想象的作品。对成功或质量的合理度量是这种回应的深度与丰富度，不论是纯粹的美学享受、洞见或是概念的重新定位。更简单说来，在类似比较中需要回答的根本问题不是两个物体是否或如何相似或相异，而是将两者放在一起思考带给我们何种启示。

　　然而这种方法论对我们现在所谈话题的最直接的启示却是消极的。我想许多文学历史学家对近现代中英讽刺小说的比较研究做出的直接回应是对其相似点的精确度提出质疑，或指出两者所使用讽刺形式的差异。比如仔细考察亨利·菲尔丁和吴敬梓作品中使用的讽刺可能反映出讽刺在文学创作中的普遍性，但也可能发现两者的共同之处十分普遍并没有特殊意义。从类似或相称的角度看，这与趋异和趋同比较模式相联系的两种回应的意义似乎并不大，因为它们共同的出发点就都是将比较等同于对相似程度的评估。冲破这一研究定式的束缚需要我们抑制将比较作为真值前提假设的冲动以对其激发的阐释做出评判。当自认为独领风骚的18世纪英国讽刺通过中国旗鼓相当的作品折射出来时会是怎样一番景象？反之如何？结构缜密的类比能将那些深藏于再熟悉不过的物体中的特征展现在我们眼前？讽刺家或许比其他任何一类作家能更好地从自我异化中发掘出净化与救赎的力量。当然通过自身技艺将比较的隐喻重构，以达到自我异化的效果，这其中绝少不了诗性的成分。

如果这样一种对讽刺的再思考提出的首要条件是认同文化间存在丰富的相似资源，其次是完全摆脱讽刺这一概念的束缚，当然不仅仅是讽刺本身。如果我们真要对文学研究做一次后民族主义的重释，那么从体裁分类到功能分类的转变就变得愈发重要。传统理解的不同类型文学作品，甚至是文学与非文学作品间的形式差异仅在某一特定传统中出现，只反映该传统内形式创造的历史演变，因而不能广泛使用。这种分类方法对某一部作品结构的细微之处加以考虑，倾向于强调其纯美学意义，而忽视了其他如政治、治疗、战争、求爱、历史、宗教或商业等相关传统中体现的社会功能。"文学"的概念在大多数人类社会出现较晚，因此任何对"世界文学"的定义都受制于欧洲文学独有传统的做法就显得有些狭隘了。我们不要在一开始就问某部作品（小说或历史剧，史诗或散文诗，讽刺文学或不寻常的抒情作品）是什么，因为在世界文学的范围内，或就我所讲题目而言，在比较方法中，我们最好问这部作品做什么，为什么出现，或已经为其观众和读者做了些什么。

尽管体裁对作者而言能够起到明确的规约作用，在描述作品的同时对文学创作定型。然而对于文学研究者而言体裁的最主要功能还是描述。体裁是对某种文学形式的分类定义，由一系列个性特征组成，是将某部作品划归为某一特定类别所需最少必要特征的组合。从严格形式意义（从历史学角度出发或许并没这样严格）出发，它包括描述特征的一切任意组合，而这些描述特征原则上承认无限重构的可能性。就这样，体裁为探索广阔的文学版图、追索某种创作形式的演进历程提供了有效的概念工具。而在跨文化文学研究中，体裁因在定义上受制于其诞生的本土环境而存在一定缺陷。我们对于构成"史诗"、"十四行诗"或是"小说"的特征集的认识深深根植于我们对这些文学形式繁盛时期所在历史环境的认识。因此我们可能对现代堪萨斯诗人创作的所谓 21 世纪史诗不以为然，而对中国文学在这些体裁中的原创发挥存有的排拒情绪也就可以理解了。当我们承认中国文学作品与外国文学中对应体裁的存在并拿来比较,结果往往是将没能展示到位的体裁特性归咎于中国作家。

换言之,这其中的问题源于对具有很强任意性的定义的坚守,对经验主义现实有效阐释的错误认识。回避这个问题的方法之一就是将重心从体裁转移到功能上来。体裁的出现鼓励我们重视文学的主动性。在西方玄学中主动性,特别是抽象意义上的主动,多半有其内在的严密静态结构。一部作品一旦定义为小说,就永远是小说:这种绝对稳固的划分拒绝任何质疑和挑战。与之相反,伴随功能而来的概念的稳固性要低得多,可以改变且稍纵即逝,而这正是文学的力量所在。文学功能的短暂性和不可预测性使其不能用作分类的基础。但它的灵活性,能照顾到作品所在环境的多样性及作品效果的即时性,因此适合以承认相似性为前提的比较研究。在考虑不能算作"近似",更不能算"相似"的两个或多个环境中的文学时,目前还颇为笨重的体裁概念也许只能缩短我们的探索轨迹,为我们呈现出差异和失败的融通,最终带来更为混淆的观念。目前更具发展潜力的是人类学对一系列社会关系中作为行动者的文学主体的生活和行为的密切关注,因为只有我们关注历史主体及其文学创作做了什么,而不是想象它们是什么样子,比较研究方法才能给我们对过去的探索带来有价值的启示。

那么讽刺文学的社会意义究竟是什么呢?讽刺文学的社会功能从最广泛意义上讲可以包括夸张、夸大、嘲讽、嘲笑、戏弄、戏仿以达到揭露、抨击、谴责、挑衅、革新、抗议的目的。汉语中对应词语"讽刺"字面意思是"刺人的话",第二个汉字由两部分组成,这两部分分别代表"刺"和"刀",形象地表达出字的意思。如果我们将关注点聚焦于讽刺小说,就会发现讽刺的这种功能是在作者对熟悉世界的描述、以平民语言讲述的精彩故事以及读者和平凡人物的认同中实现的。从强调主动性的体裁范式向即时性的功能范式的转变不是动词类别上的简单转换,而是这些动词在特定社会舞台上所代表动作的动机和隐含意义。在什么情形下讽刺能成为一种普遍甚至可预测的回应?讽刺效果是借助什么手段实现的?原因何在?在哪些偶发或内在结构问题上讽刺是最有效的解决手段？

　　这些问题的提出使我们可以沿着我所建议的类比比较的思路探索下去。当我们更熟悉两种文学环境在结构上的可能相似，将文学作品视为对一系列情形某种程度上可预测的功能回应，我们就更可能突破民族文学历史的束缚，探寻跨越时空不同传统中有价值的形式，并最终区别分离出历史中的偶然与必然。当我们用结构类比的眼光来看斯威夫特或菲尔丁、李渔或吴敬梓作品中形式上的创新、智慧和嘲弄，兼有怀旧情愫和常识的抱怨就会呈现出另一番模样，对一系列可比情形：由新发掘的商业财富、移动性和商品化作用下形成的深刻社会变革做出回应。

　　这样一种思路转变有两方面影响。首先，它将一国文学传统中的自我形象和英雄人物的描述融入更广泛的研究视野内。我们常说欧洲小说根植于希腊史诗，或认为它巩固了独特的现代／欧洲主体性。但当我们不再将其视作确定不变，而是在反复出现的历史环境中以可预测方式被激活的一组功能特征时，这种主体性就很难延续下去了。其次，它鼓励我们从承认普遍相似性的前提出发对熟悉的事物提出新问题。比如我们可能会问斯威夫特（Jonathan Swift）或菲尔丁的作品中讽刺攻击的冲动来自何处，因为在中国讽刺文学中这种做法很明显多是由于大众文化水平提升而导致自身能力的贬值。

　　这里举的最后一例可能有些误导性。虽然通过在作家中寻找匹配对象的方法可为更广泛意义上的类比比较留出一些探索的空间，但总体而言，只有我们更进一步，将关注点放在单个作家作品的同时也关注其轨迹，才能更好实现比较研究的目的。为这第三点要求奠定逻辑基础的是第二点要求，即突出时间维度的功能关注，而时间维度在题材框架中几乎没有涉及。与名词不同，如果不能成为永恒则会四处游荡，任意膨胀，动词有着自身的新陈代谢：它们做出回应，参与行动，发生改变，并因此成为人类认识时间的原动力和前提条件。如果把文学想象成一个行为施事，就是将它想象成一个沿着时间展开的辩证过程，作为连续的阶段和事件进行解读，而永远不能作为完全实现了的完整自足的个体。独立文学形式和主题间的互相匹配仍颇具意义：比如中英早期讽刺文学中对病态畸形妇女和轻率学者描写的普遍性就是个很有意思的题目。这些努力将引导我们认识和解释一段时期中相似的文学发展轨迹。比如它们可能帮助我们理解讽刺手法为什么且如何在两个不同国度里作为主导修辞形式同时出现；它如何为现实主义记叙这种文学新形式的出现创造条件，如何在两国从一种棱角分明、强烈尖刻的风格转变成精致且富于美学价值的惯用手段。

同功能转向一样，这种转而对即刻性的强调既保存了本土文学的独特魅力，又避免了在解读作品中唱独角戏的尴尬。类比包含重复，不但避免更为严格的相似模型带来的趋同效应，而且还需要差异和距离来实现作为其存在理由的认知影响力。毫无疑问，我们可以将一种讽刺文学传统视作另一传统的（多数情况下被误读的）变体，就是因为这种方法是基于改变的前提假设而获得解释力的。与此同时，它同样暴露了比较研究中普遍存在的视角狭隘的问题，比如将斯威夫特或菲尔丁视为贺拉斯（Horace）、尤维纳利斯（Juvenal）、莎士比亚（William Shakespeare）、德莱顿（John Dryden）的文学传承后代，或是将吴敬梓的作品与之前的蒲松龄和冯梦龙直接拿来对比。文学史的过程和产物既是偶发的，又可追根溯源，在这个矛盾体作用下，其自身世界性的解读就变得更为宽泛了。

对文学研究世界化最常见的攻击来自纯粹实用主义观点，即在广阔的世界中即便是最不强势的两极化比较都会对学者自身的专业技能提出无法应对的极大挑战。暂且不谈解决这一问题可采取的跨地区合作及远程阅读等策略，缩小比较研究工程规模的途径就有不少。我们通常认为严格的文学翻译只能由目标语为母语的译者完成。完美的双语者几乎不可存在：尽管大多数人都能流利地使用第二或第三种语言，但在写作时总还是对自己最先习得的语言有着特殊的亲切感。文学翻译者不能期望两种语言的平衡或互惠，也不会担心自己的译作因单向翻译而不完整。

相比之下，文学比较的标准则精度更高。其主导趋同和趋异模式要求对比较双方给予同等的关注,而缺乏这种关注平衡的研究得出的任何异同点的结论都是不合逻辑的。然而在相当模式中,失衡是比较的自然态。像隐喻、类比或文学翻译一样,其所建立的相似性在特定环境中更适合某一方向的研究。"黎明之神披着嫣红的衣裳,已踏上了东边的山麓。"诗句中传达出的是日出,而不是与其相比的乡间漫步者。从事像这样单一的比较研究并不要求研究者有两张博士文凭外加十五年的两国文学传统研究实践经历。相反,它只需要研究者有能力建立一个合理的类比前提,在其自身背景最适合的单向研究中找到突破口,提出有力观点。与其相类似的另一方向的比较研究任务自然会有另一文学传统中的学者承担。

这样一种观察视角既不是对自身不足的合理化解释,也不是对既有研究范式的屈从,而是指出了相当于比较方法论的结构特征。这一视角的转换带来两个偶然结果:首先最明显的结果是,它进一步开拓了世界文学研究的版图,使其变得更灵活包容,接纳更多的作品和创作形式及更多参与者。同样重要的是通过熟悉文学传统对异域文学传统加以解读的思考方式所带来的意外的概念促动。我们常说文学翻译的理想境界就是具有强大的创生力,即便就目标语而言也具有改变潜能。译者笔下本族语言的创造力不仅改变了原作,还在适应陌生的语言形式风格中使目标语得到开放和重组。而比较研究者所能达到的理想境界也是与之类似的改造效果,在狭隘传统中引入异域的概念工具和范畴。我想类比比较方法所带来的看似荒谬的换位对这种研究而言是必要的。

对我所提出的比较方法第四点也是最后一点要求是需要在分析术语、范畴和参照点的选择上要做到精细大胆,常换常新,为有目的的异化,对熟悉对象,通常是在目标文化文学环境中过于熟悉的对象,进行重新概念化奠定基础。术语是比较研究中的一大难题,之前我们的讨论中提到的不少术语,像"novel"(小说)、"fiction"(非纪实文学)和"satire"(讽刺文学)。这些术语的欧洲文学渊源有一定模糊性,在比较明朗的比较框架中足够灵活,有利于我们进行某种相对抽象的讨论。解决这种术语使用单一性的办法是依据不同文学传统对这些术语进行重新定义。比如英语中的"novel"概念可以突破目前的概念内涵，延伸重组以适应更广阔的跨文化散文叙述文学体裁。更好的解决方法是在这些被过度定义的英文术语之外加上括号，就像我们在老掉牙的说法外加上括号一样。这样我们就能将英国散文体非纪实文学列为"小说"的一种，这一具有历史渊源的文学范畴不仅包括了中国的"novel"，还有短篇故事、随笔及其他各种文学样式，以具有足够异域特色的文学传统、目的及其相关架构实现真正意义上多产的异化。如果我们追溯"讽刺"的历史渊源，发现它源于古代普通大众为抗议统治阶级所做的唱词和挽歌，这一发现为英国讽刺文学时代作家与统治阶级之间关系的重新思考提供了陌生但有效的范式。当我们重新审视早期英国小说家对吸纳新兴商业信条不断高涨的热情背后隐藏的社会变革时，就会想到去考察一下人们所信奉的英国财富之神的命运起伏。英国财富之神所对应的中国的五通神，在同一历史时期经历了从横行乡野、淫人妻女、妖鬼化的恶神转变成一个为千家万户提供世俗之财的善神。这系列变化让我们了解到17、18世纪江南商业化带来的经济史中的文化变迁。

来自东方主义，或者更具体而言，来自20世纪初中国现代化进程的影响使着眼于中西方的人文主义对比研究恶名远扬。因为沿着这一思路的比较研究常常落入两级主义和本质主义的怪圈，模糊历史变迁和文化内部多样性。关注跨文化移动性和关联性的模型建构为文学和文化历史研究提供了全新的视角，使我们在更为广阔的后民族主义框架中理解文学史和文化史。但也正是由于这种联系的不确定性以及如此大量文化产品的非移动性，这样的研究范式也只能为某一特定历史时期中观察到的有限的地区内发展或地区间模式加以解释。比较的重要性在于其对类比思维和换位分析价值的认可，对文学功能和轨迹的关注，在未来快速发展的世界文学领域中为我们提供了研究方法的必要补充，帮助我们进一步探究世界文学的深层结构。

谢谢大家。

提问与回答

董少新：

感谢博教授为我们系统地论述了他对比较的理解，他的"比较理论"，尤其是提出了"analogical comparison"。这个概念很复杂，博教授论述了很多内容，尤其是用中国和英国文学的比较作为案例。因为我不是搞文学的，说实话听也听不太懂，真的是很难。但是我发现其实文学研究者所关注的问题好像是跟史学研究者所关注的问题也是蛮相近的。比如说文学学者关注的这个问题比较文学，中英比较文学，那么我们也有——有问题吗？等一会可以提出来。还有史学者比较关注的也是比较史学。讽刺文学，史学当中也有一种映射史学。我们现在史学领域比较多的研究都是关注那种跨越民族国家的研究，我发现 Porter 教授也是比较重视这方面的研究，他也是希望能够突破一个单一的民族国家这种国界的界限去做跨越民族国家的研究。还有不同国家的文学之间的这种交流以及它们的关系，也是史学研究比较重视的文化交流史的研究和中外关系史，不同国家的关系史的研究。然后我发现博教授他也会去关注文学、讽刺文学的社会功能。那么史学其实在这方面的社会史的研究也是目前非常重要的一个领域。总之我觉得我们这个单位叫"文史研究院"，在中国讲文史不分家，我看可能在西方也是这个样子。就是在文学领域的研究和史学领域的研究有蛮多相同的地方。特别是今天 Porter 为我们带来的这种对比较的重新思考，对我来讲，可能是在史学的研究领域也会有一些启发意义。那么接下来我想开放给大家针对 Porter 教授的这个报告，特别是对比较的方法论上的思考提出一些问题，与 Porter 教授进行讨论。

学生：

您所讲的类比比较的方法，作为方法论而提出有创新之处，也比较有效。您以中英讽刺文学和小说为例阐释了这种方法论的实际应用，但我还是不太清楚这两者之间的关系。想请您再具体解释一下如何实现对比较的功能而非定义的关注,如何用方法论指导研究实践?

博达伟:

首先谢谢你的评价,你提的问题很好。我也注意到了对比较研究这个概念,中国和美国学者的理解不太一样。我在中国举办的研讨会,特别是国内一些学术会议上吃惊地看到有很多中国学者专注于比较研究项目,而真正关注方法论研究的学者却不多。在美国情况则不一样,在许多领域,比如在哲学、心理学和文学研究中依照传统研究方法进行分析得出的结论常会遭到学者的批判性质疑甚至反感。比如情感主义,相信大家对这个概念都不陌生,在社会功能讨论中就经常出现。至于如何将方法论运用于实践,我这里没有做过多的解释,因为这篇论文的主要目的是介绍一种比较方法论,我这里可能无法给出一个比较全面的答案,因为我想讲的是这种方法论本身,但我会考虑如何将其应用于实践的问题。其实每当我的比较研究有所进展时,我都会思考比较的意义何在,在过去一年中我常常思考的一个问题就是如何摆脱陈旧的研究思路,在抽象的方法论上有所开拓。讲座中涉及到的实际例子,中国文学传统中"讽刺"的研究可能对英国文学传统"satire"的研究有所启发。中国"讽刺"一词起源于古代官员为统治阶级在民间采风,收集诗篇歌谣,而这些民间歌谣往往充满了讽刺意味,即为迎合统治阶层采集到的诗歌却充满了对统治者的嘲讽。这样看来,讽刺的起源本身就很矛盾。而在19世纪的英国文学研究中并没有对讽刺给予关注,因此透过中国"讽刺"文学研究这面棱镜,我们可以考察到英国文学中的"satire"。并不是要找到与之相匹配的概念,而是换一种旁观者的视角来观察。重点是观察过程,而不是结果。

董少新:

好的,还有其他老师或同学的问题吗?可以用中文也可以用英文。

学生：

您刚刚提到我们的研究重心要从范畴向功能转变，您将讽刺作为一种社会功能，而非一种范畴。在讲座末尾，您提到了我们可以用中国文学传统中的概念来研究英国文学中的"satire"和"novel"。我有点疑惑，因为这里您又回到了范畴的概念。我觉得您讲座中范畴和功能的概念有重合的地方，我对这两个概念的关系和区别不是很清楚。

博达伟：

我先回答后一个问题，范畴和功能的区别。我想这里主要讲的是18世纪文学的分类倾向，我们对这一时期作品分类的方法主要是根据两条轴线，一条是它们的创作时间，另一条是它们属于何种体裁，是小说、诗歌、戏剧、期刊非纪实文学、散文、日记，还是其他什么形式。这是我们定位作品的重要参考指标，决定作品在我们知识框架中的地位，这似乎说明我们对作品的理解深深植根于对作品的分类。在更广阔的研究领域中时间和体裁作为两大度量指标很大程度上成就了所研究作品在我们知识结构的形象。这种做法似乎有利于研究的组织，就像划分动植物的纲目属种一样。但这种分类方法也有缺陷，因为经过这一分类后的作品位置就固定下来，几乎成为永久性的。使这种体裁分类变得模糊的原因是某些作品进入其他环境后获得了"新生"（afterlife），不论是语言还是文化环境的改变为作品本身带来的变化无法通过传统的体裁分类体现出来。这样就使不少作品丧失了获得新阐释的可能。因此我们把这些作品的体裁放在一边，思考一下这些作品做了什么，即作品的功能，在这个特殊时间点特殊位置正在做什么，作者为什么要写这部作品，这部作品在其特定的社会环境中是如何传播的，这些思考能使我们向作品提出更多有趣的问题，思考作品在某时某地的功能。文学作品是一种艺术，这种艺术囊括在社会国家的大循环和大网络之中。与我们对和自己息息相关、相伴而行的事物给予关注一样，在文学领域我们也应当关注作品的功能，以明确其社会身份。第二个问题暂且回答到这里。至于第一个问题，提得很好。为什么强调了这么多的从体裁转变为功能，却最后又要回到体裁上去？当我使用"讽刺"或"小说"这些说法时，我是在避免概念上的混淆，比如在讨论一部英国文学作品时我用"小说"这个词就从可以从全新的视角对其加以解读。我并不认为这是一个问题，我觉得这会使研究变得更多样，得出更丰富的结论。

学生：

其实我想说的是在研究中我们可以不考虑体裁的问题，只关注作品的功能，比如小说的功能，诗歌的功能。为什么我们强调社会功能，而不是范畴呢？这两者应当是有所区别的。

博达伟：

你说得没错。我不是想把两者放在一起，两种并行发展的比较方法可以打破我们对体裁的过度依赖，将我们的注意力引向作品未被关注到的其他方面。我不是说大家从此都不要讨论小说，我只是说对从事比较研究和跨文化研究的学者而言，一种重心的改变可能更利于研究本身。

白若思：

您在讲座中提到了"satire"和"讽刺"两者间的相同点，但没有提到两者的差异起源，想请问这两个概念哪个历史更长？第二个问题是关于对比讽刺的对面，现代乌托邦是否可能找到比较的基底？

博达伟：

对于"satire"和"讽刺"这两个概念，我没有深入讲这两个术语的词源和历史，我并不清楚哪个历史更悠久，但我知道"讽刺"一词在《红楼梦》中人物对话中出现过，我会在这方面做更深入的研究。对于乌托邦的概念，我这里所讲的方法论是作为一种比较研究的方法途径，我最近为一本书写了书评，这本书名为《不同的世界》,讨论的是欧洲和中国传统中的讽刺。讽刺艺术在中国有很深的传统,在欧洲也有很悠久的历史。

董少新:

刚才提问的这位是复旦大学文史院研究员白若思(Rostislav Berezkin),他是俄国人。

学生:

感谢您精彩的演讲,我想提的问题是您提倡的关注体裁分类的研究意义主要体现在哪些方面?另外您所提出的这种方法论对指导比较文学方向研究生的教学有何意义?

博达伟:

谢谢你的提问。我省掉的章节讲到注重体裁分类的意义,比如比较中英文学中的"sentiment"和"情"就是很好的研究题目,我们不一定非要拿一部小说和另一部小说做比较,还可以考察半个世纪中作品对情感加以突出深化的发展历程,考察这种发展在特定文化环境中的意义,及其与文化发展轨迹的契合程度。我提出的比较方法论不一定局限于相同体裁之间的比较,应用于宏观文学特征的比较会更有趣。比如女性诗歌在两种不同文学环境中诞生的原因可能有某些相似之处。至于最后一个问题,如何将其运用于教学当中。这是个很好的问题。周三的研究生课上我遇到了同样的提问,我想如果我们让历史学方向的研究生寻找17世纪的中国和英国间的相似之处,会比在本科或高中课程上布置同样任务的效果要好,英语课上师生对作品的理解也会因类比比较研究而发生变化。比如对英文小说的解读不再局限于欧洲某一时代的文学传统,这种方法论能够引导学生改变对相关现象发展历史的解读,帮助他们摆脱传统教学背后隐性的文化民族主义的影响。

学生：

您提出的比较方法给我带来很多启发，如果我想比较李白和蒲伯的诗歌，我可能会分三部分来写，先介绍李白的作品，再介绍蒲伯的作品，再将两者放在一起比较。但现在有几个问题，首先文章的内容如何在这三部分合理分配？其次是如何进行比较？

博达伟：

你对传统比较模式的描述很正确，我的建议是不要被老套的研究范式所束缚，研究者不可能对做出比较的两者所处的文化环境历史背景同样熟悉，因此不必要给三部分以等同的关注，并不是说比较研究要面面俱到，不能从单方面考察。比如你说的李白和蒲伯，就不一定先写李白，再写蒲伯，而是只写蒲伯，而是站在李白诗歌的视点来写。我想这类的立足一方文化文学传统的比较研究会为许多我们熟悉的作品带来更有趣更有意义的解读。

学生：

您的意思是假定读者对研究对象，比如李白有了一定的了解。我们是否需要提供比较完整的背景信息呢？

博达伟：

这与你面对的读者群有关，有关爱情老套的隐喻本身传达出了有关爱情和玫瑰两者的信息。隐喻的功能所在就是通过喻体，我们已经熟知的玫瑰，来解读爱情。这个隐喻的目的是向人们展示爱情的某些特征，而不是玫瑰的特征。所以研究的目的是从李白的角度出发解读蒲伯，而不是把李白放在一端，蒲伯放在另一端，然后下结论说他们是相同还是不同。

学生：

您的讲座中提到了专业知识的局限，两种传统的训练，是否意味不需要两种文化？钱锺书对不同文化传统有相同的认识，因而能发现作品间的相似之处。如果研究者对作品没有足够的背景知识，只是研究者的想象，这种缺乏事实基础的研究是否会影响研究结果的有效性呢？

博达伟：

我觉得这种研究方法为比较研究增添了色彩。传统的训练方法曾在美国名校伯克利大学比较文学教学中流行，要求学生熟悉不同文学传统，要读全中国文学经典，再读全英国文学经典，所以平均需要十二年时间才能获得学位。这种方法的确很令人赞叹，赞叹竟然有学生可以做到。但这不是我们可以从事的唯一的比较研究，我们可以利用其他文学背景中获得的知识重新审视我们早已熟悉的作品。就拿莎翁的戏剧说，每年都有成百上千的文章写莎剧，比如《暴风雨》，再想写出新意就很难了。怎样才能出新呢？我们可以读读拉康、德里达，或者其他文化传统中的作品和观点，尝试从他们的视角出发解读已经解读多遍的作品。我们在某些地方读到的观点或得到的信息可能会为解读旧作品带来新视角，为在作品间发掘相似点提供了可能。中国特色的文化环境对我们解读《暴风雨》这部作品有否启发，能否带来新的阐释。这种学科间的互济其实很普遍，吸收人类学、历史学等不同学科的营养。

学生：

刚才的问题已经解决了，也正是我想问的。

学生：

您提到我们可以从拉康、德里达获得启发，中国哲学家的观点，我们不需要读透他们的观点，只要有所理解，对作品加以阐释就可以了，即便是误读也没关系。

博达伟：

当然你的解读越准确,研究的意义也就越大。从德里达的观点出发,可以从学者的文章出发,不一定要成为专家,但也不能从网上随便找几句德里达的名言发挥一下就好。这种做法是不负责的学术态度。我的建议是想了解中国文学传统的学者可以从18世纪中国文学经典作品入手,读几个月,再读一些作品的评论,做中国和其他文学间比较研究的学者需要对中国文学传统有一定的了解,但不需要花十年时间读一个中国文学的博士学位。

董少新：

时间已经到了,我们再次感谢博达伟教授的讲座!(掌声)今天的报告会到此结束。

陈宁阳　翻译整理

陈妤姝、梁辰雪　校对

中国的女巫在哪里

主讲人：田海（Barend J. ter Haar）
主持人：余欣
时　间：2013年10月8日

田海(Barend J. ter Haar)

  英国牛津大学汉学讲座教授(Run Run Shaw Professor of Chinese),主要研究领域为中国民间宗教、地方宗教文化史,著有《中国历史上的白莲教》(*The White Lotus Teachings in Chinese Religious History*, Brill, 1992)、《天地会的仪式与神话:创造认同》(*The Ritual and Mythology of the Chinese Triads: Creating an Identity*, Brill, 1998)、《讲故事:中国历史上的巫术与替罪》(*Telling Stories: Witchcraft and Scapegoating in Chinese History*, Brill, 2006)等,即将出版 *Practicing Scripture: A Lay Buddist Movement in Late Imperial China*。

余欣   复旦大学历史系教授,研究领域为敦煌学、中国古代博物学、中古宗教社会史、写本文化与知识社会史。

余欣：

各位同学，我们今天很荣幸邀请到牛津大学的汉学讲座教授田海先生来给大家做"文史大讲堂"的第78讲——"中国的女巫在哪里"。"中国的女巫在哪里"，等会田海教授会给我们介绍，不过女巫已经把陈金华变成了余欣。我不是陈金华，我是复旦历史系的余欣，陈金华教授因为航班的关系，也不知道是不是因为女巫的缘故，总之他不能到达，所以我临时越俎代庖替陈金华教授来主持。

田海教授的研究领域非常广阔，主要是中国民间宗教，他的代表作也包括白莲教的研究、三合会（天地会）的研究，他对晚期的禅宗也非常有兴趣，还有中国的女巫、巫术以及同国家及社会的关系，等会我们会听到他有关这些问题的一些新想法。下面我们就欢迎田海教授演讲。

田海：

欢迎大家！我用汉语讲，但有时某些词汇可能想不起来，我希望你们能帮助我表达出来，因为原来这个讲稿当然是用英语写的，跟你们一样，你们写英语的时候，也会先写汉语，然后再翻译。我想先用英语写然后翻译，翻译当然不是原原本本的,所以经常会有或小或大的错误,还有就是表达方式不一样。首先,女巫这个词汇,和 witch 是不一样的,我讲的不是 Shamanism(萨满教),而是另外一回事。但是中文原本没有这个词汇,这个词汇当然是来源于西方的,witch(女巫)是英语、荷兰语、法语的词汇。因为欧洲每个国家都有自己的词汇,所以 witch 本身一定是没有统一定义的,每一个国家都有它的定义,所以它的历史过程不能说是欧洲的统一现象,更不是中国的统一现象,但肯定不是你们所想象的那个"巫",shaman(萨满),所以有关定义的问题要讲多一些。

但是首先我想谈谈为什么没有人讲到这个题目,有关这个题目我可能不是唯一的研究者,我在 *Telling Stories*(Leiden：Brill, 2006),就是《讲故事》那个书里已经讲到过这个问题,之后我就觉得为什么没有更多的人研究这个题目呢？为什么没有更多的人注意到我的书呢？因为我觉得我的书对西方 witch 的研究以及对中国的 witch 的研究是有一定贡献的。一个作家最喜欢的就是批评,这是很不衷心的,但是我最喜欢的就是批评,听取别人的意见。但是没有人说这个书不好,也没有人说这个书好。我就在想为什么没有人注意到中国的那些个例子,没有人讲到？基本上就是因为没有这个现象。当然也不是完全没有,其实是西方的 witch 的现象好像在中国找不到。至少找不到统一的官方定义的 witch 的现象。但是我还是觉得奇怪,因为我们西方的史学家有很多史料,史料非常丰富,所以在 witchcraft 的领域：一方认为 witchcraft 是真的想象,另外一方认为它其实是假的。反正两方所谈的内容都非常丰富,你甚至可以用 witchcraft(巫术)建立起一个 career(学术事业)。对汉学来讲,要研究这个题目是不可能的,你要做另外一个题目,最好去研究官僚史或是中国思想史。你在这个主题上要建立起一个 career 就不合适,除非当你快要退休前可以做这样的研究,我还有十二年。所以我觉得奇怪,西方有很多研究,而且人类学家也有很多这方面的研究。他们到处都找到了,非洲、北美、南美、澳大利亚、印度、印度尼西亚,到处都找得到(这个现象)。但是在日本、韩国、中国好像就找不到。为什么找不到呢？是因为没有还是没有人注意到？也可能是有这个现象，定义大概不一样，但是的确有这个基本现象，我一会儿还要说这个现象具体是什么，但是谈到 witch 的现象，则是西方的 witch，是巫女的现象。

但也可能是没有人愿意搞这个主题。现在我讲一些敏感的事情，有的题目中国人不喜欢讲，不是因为没有这个现象，而是因为他们不愿承认这个现象。当然我们西方也有这个现象。人类学一般对 witch 的现象非常感兴趣，但为什么研究中国人类学的学者没人研究这个现象？第一是因为英国的人类学，最开始是那些管理殖民地的官员在研究这个题目，他们对 witch 很感兴趣，但是没有有关中国的例子，他们主要是研究香港的社会结构，所以没有注意到这个现象。美国的人类学研究，在大陆开放以前，对我们来讲就是"文革"以前的研究，主要是研究台湾的农村、小镇，而不是研究台北这种大城市，都是研究小规模的农村文化、小镇文化，他们有时候会注意到这个现象，但是没人做系统研究。这个也许和他们语言局限有关系，因为你要研究这个现象，你就要能听懂本地方言，但是那些美国的人类学家，他们学了一些表面上的官话，就是他们所谓的国语，也可能学过一些比较浅的闽南话，所以他们基本上不会跟本地人直接谈话。他们有很多媒人，或者他们的爱人可能是翻译者，但他们本人却不能和台湾人、闽南人讲话。之后美国的人类学研究，首先是大陆的学者比较多，很多人虽然在美国工作，但却还是大陆人，所以他们就把大陆的问题意识带到美国，利用美国的一些人类学方法做研究。这对我来讲不是真正的美国人类学。那些真正的白人、高鼻子的美国人类学家，或是研究城市社会学，或是研究少数民族，这方面他们其实和大陆的学者一样。现在的情况我就不太清楚了，之前可能主要还是研究中国的少数民族，因为人类学是研究"问题"的，但汉族没有"问题"，所以就不需要研究。所以现在从人类学来研究汉族的都是民族学，不是人类学。民族学基本上没有方法，就是搜集资料，而且他们受到文学影响很大，所以注意不到这个问题。但是这些例子没有被注意到不是因为没有这个现象，可能是规模小，但是有这个现象。现代化和这个现象之间存在矛盾，在现代化的社会不会有这个现象,所以在大陆将来也不会有人注意到这个问题,因为你们不愿意关注到这个现象,这就和法国的人类学一样,法国的人类学也没有注意到这个现象,但其实直到现在还有对 witch 的恐惧,但他们不愿承认这个现象。

那么就方法论而言,我们怎么研究这个现象呢?定义当然很关键,一般我们研究社会史,都会利用以前的一些定义,对其进行修改,它们都是历史上存在的一些现象,并不是我们所发明的,但恰恰在此会有问题,因为在中国的历史上没有一个统一的 witch 的现象,所以很难找到资料。我们没法去找档案,因为没有 witch 这样的词汇,同时它的含义本身又很广泛。定义很重要,那么我们怎么办呢?第一个问题是怎么翻译。我原来一直在用英语讲这个题目就很方便,因为英语里有对 witch 的定义。但是用汉语讲就很麻烦,我第一次在台北"中央"图书馆讲的时候,我用了"巫女"这个词,但是我发现很多听众是来听 shaman 的,而不是 witch。所以怎么翻译呢?第一要区别"巫"和"乩童",还有其他诸如 shaman 和 medium(灵媒)的词汇,但是这些现象完全不同于魔女。我讲魔女,其实包含了魔女魔男两层意思,说 witch 是为了方便,但不见得都是女性,所以一会儿你们会听到也有很多男人被叫 witch。第一,他们不是 shaman;第二,定义可以广一些,有些听我讲演的人觉得巫女就可以,因为这个定义很广泛,使用比较方便,但定义太广就没法研究问题了,可以搜集资料,但是搜集资料不等于研究,是两回事。实际上 shaman 本身,特别是中文的"巫女"本身也是一个很有问题的词。因为巫女通常是一个价值观,你把一个人叫作巫女,是因为你反对他/她的做法和仪式,所以有时一些道教里面的恶人也会被叫作巫女巫男,有时甚至儒教的人也会被叫做巫,所以女巫本身也是一种价值观,而不是指涉一个客观存在的对象。你说他(她)是巫女,那就是不喜欢他(她)的那些宗教意识,但不见得是真正的 shaman。所以 shaman 到底是什么?有两个词汇,一个是 shaman,还有 medium,两个现象不一样,而中国也都有。shaman 就是你控制自己的灵魂去另外一个地方,去一个孩子还没有生出来的地方,这个地方叫花园,在中国南方有这个信仰,在广州文化、闽南文化,所谓的"本地"文化、少数民族文化都有这种花园的信仰。他们相信孩子在生出来之前在他们母亲的子宫里,而子宫就是一朵花,有红色有白色,不过究竟是红色代表女性还是白色代表女性,我忘记了,但 shaman 的灵魂可以去这个花园,判断将来出生的孩子是男性还是女性。如果是女性,那对不起,需要更换,因此需要一种更换性别的仪式,这种仪式当然百分之五十无法成功,但没关系,因为这可能是因为这个女性或者她丈夫的道德品行不好,所以并不能否认这个仪式的有效性。但这就是 shaman,灵魂去另外一个地方,不管它是地狱、天堂还是孩子还没出生的地方。而 medium 更重要,它是一个神降在了你的身体上,所以你变成了这个神,和 shaman 完全不一样。这个现象在中国也非常普遍。从我的世界观来说,我不相信 shaman,不相信上帝也不相信 medium,但从他们的世界观来讲,会相信这个。作为一个宗教社会学的研究者,因为他们相信 shaman 和 medium 是真的,所以这对我来讲就是真的现象。这个和 witch 又不一样,witch 不是真的现象,是一种恐惧,这个也很关键。但 20 世纪的和 21 世纪白魔女(white witches)的现象是另外一回事,是一种 reinventional tradition(重新发明的传统)。但是传统上,witch 是一种骂人的话,是一种表现。所以 shaman 和 medium 都是一种"仪式专家",和道士、佛僧差不多,当然他们的方法不一样,但是基本相似,而且道士基本是从 shaman 的传统上沿袭下来的。

  词汇中很重要的区别就是自称和他称,我写白莲教的那本书就强调了白莲教不是自称,而是他称,是别人称你为白莲教。你可以说一个你不喜欢的人是邪教信徒,警察就来抓他(她),很方便,这就是 witch 的意思。但是邪教可能真的有,所以也不完全一样。你可以用一个真正有的现象名称去陷害别人,这就是 witch 的用法,是一种他称,不是自称。

  魔女和魔男都是 witch 的翻译,不是中国传统词汇,不是真正的中文。我要说清楚,魔女对应的 witchcraft paradigm 到底是什么,是在什么时候开始承认一个他称是 witch 的意思呢?所以范式(paradigm)很重要,我有一些前提条件。第一，一个社会要信魔术。魔术的定义是什么？是"时间或空间上长距离起作用的邪术"——可能不清楚——比方说我有一个方法可以让坐在后边的人注意我的讲演，那就是魔术，一般你坐在后面的话，你就是打算睡觉的，你可能打算做别的事情，但你必须参加这个讲演，因为你的老师也在对吧？所以我有一种魔术，虽然我们之间空间很大，但我用这个魔术强迫你们去做一些事情，这是一种魔术，这是一种教书的魔术，不是真正的魔术，但这就是魔术的意思：虽然时间的距离很大，空间的距离很大，我还可以影响别人，这要求受到魔术影响的人要相信那个魔术，我自己不见得要相信。比方说欧洲的犹太人，他们经常被称作搞魔术的，但是实际上他们自己并不搞魔术，而是怕他们的那些人，那些天主教的人，怕他们搞魔术，吃耶稣的饼。当然犹太人不吃，吃那个东西对他们而言根本没意义，都是天主教的信徒相信犹太人会那样做，所以这个就不是那些被叫作搞魔术人的信仰，而是那些说"你是搞魔术"的人的信仰，所以信魔术的条件就很重要。第二，是你要把一些不喜欢的事，比方说荒灾，解释成魔术的结果。有很多天灾，但人们不会相信那些真是天灾，比方说荒灾、水灾什么的，就说成是 witch 所做的，是他们的魔术的结果；而且你的牛死，他的牛不死，是因为他搞魔术，想让你的牛死。这就是魔术，是一种把事件当成是魔术结果的想法。第三个很重要的条件就是用压迫与拷打的手段，你们可能对西方的那套拷打的想法不太清楚，我不能利用所有西方的著作去解释，因为这个比较敏感。基本上拷打有身体性的，比如我打他，让他承认我是最好的汉学家，否则他不会承认。但是也有用压迫的方式，比方说"你不承认我不会邀请你"，那就是心理上的压迫了。所以我们定义拷打有心理上的，也有比较具体的、暴力的身体上的拷打。可能你们不知道利用压迫，压迫在我们的定义里也是一种拷打。要利用压迫和拷打的力量去强迫口供。因为魔女是不存在的现象，所以怎么证明呢？必须要有人的口供，证明他们是魔女。这个和1950年代对待资本家的方式差不多，1950年代这里所有的资本家、坏分子都被抓住了，之后怎么办？就用拷打、暴力去强迫口供，承认他们自己是反革命分子。所以口供很重要,在中国的法律传统中口供很重要,在我们的法律传统中也很重要。而且口供取消了以后,witch 的现象也有变化,一般来讲,一个没有口供的社会也没有 witch 的现象。他们有 witch 的信仰,但是没有 witch 的具体现象,因为这样的社会不会用口供去强迫人。他们可以不承认,所以也就无可奈何了。因为法律上你没有任何过失。荷兰没有了口供以后,witch 的现象也就没有了,在南美洲、拉丁美洲,口供一直到最近还很重要,所以那里 witch 的现象的历史也就更长久。当然现代社会的评价也是有的,但我今天不讲。

这三个前提(precondition)非常重要。为什么魔术的控告这么方便?因为你可以用这个控告(accusation)去抓人,虽然他们什么都没做,但是你不喜欢他们,你就可以利用控告施加压迫。如果你的社会支持网很强的话,你就很容易反对控告。但是如果这个控告很强的话——在西方就是这个作用——它就会打破这个支持网。传统来讲,当然信仰总是有,但是如果社会团体,比方说一个农村,或是城市的某个区域,你总是会有朋友和亲戚,他们会支持你。所以在一般的农村社会,信仰不会变成真正的控告。在农村社会瓦解了以后,而控告又很强大的话,这个控告就会有效。所以一般城市社会,或是市场化了的农村社会才会有这个现象,因为很多个人的支持网瓦解了。所以一个魔女控告就会十分简单,抓住人就可以打破社会的支持网,而且控告可以解释很多很难明白的一些现象:为什么他很有钱,为什么他很成功?他是教授,很成功,虽然他研究得不好,发表很少,别的教授虽然研究得更好,但是没有成功。那利用 witch 的控告你可以很容易解释这个问题。你们肯定也有这个解释方式,在你们的文化中,会说他的关系搞得好,比如现在的男人就会这样说:"因为她是女的,而不是因为她研究做得很好,就因为她是女的,需要有更多的女教授。"这也是类似的控告。当然我不赞成,我是在开玩笑,但是真的有这种想法,基本上从逻辑上来讲,witch 的控告也是同样的想法,是同样的不好的逻辑。当然如果没有矛盾、没有紧张的话就没有控告,因为并不存在真正的 witch 的现象,都是被想象出来的现象。想象的现象也很重要,但不是完全的真现象。所以先要有一些缘由,去利用这个控告,这同社会、政治和经济密不可分,现在的社会上分不开,传统的社会上更分不开,所以这三个实际上都是一种紧张。因为荒灾有三个方面:社会方面、政治方面、经济方面。所有的荒灾都是人灾,都是有社会、政治和经济背景的。当然也需要一些个人的矛盾,嫉妒很重要,一直到现在嫉妒的社会史还没有写,连西方也还没有写过,基本上 witch 的社会史和嫉妒的社会史差不多,很相近。嫉妒是很重要的一个动机,我们都会嫉妒别人,我也会,我不相信你们不会,但到了一定程度就有害了,如果再掌握了权力就更危险了。但嫉妒的确很重要,我就嫉妒过别人,比如其他教授,我认为他们什么都不写,我有一个同事,也是我的朋友,他的 career 开始的时候比我成功,为什么呢?他唯一的强项就是很会赚钱,比如和国家"汉办"搞合作拿钱之类的,但是他并没有带出很多成功的博士生,所以我就嫉妒他,我就觉得我的地位应该比他高,因为我写书,带出过好的博士。这个没有影响我们的关系,但是他留在莱顿的话肯定影响我们的关系。因为嫉妒还是很重要的东西,这个不是什么好东西。为什么我要举自己的例子?因为我要证明这是一个普遍的现象,所谓"成功"的人也会嫉妒。所以你的成功还是失败不是因为你自己,而是因为别人,外在的东西影响了你的成功和失败。当然我和那个教授还是朋友,他已经不在莱顿了,我不告诉你们他是谁,你们可以推测,但我们还是朋友。当然他的成功不会影响我,我的成功和失败也与他没有关系,但我就是这么想,这就是嫉妒。

所以关系网的解释就都是这种嫉妒性产生的解释。它们大多都不是事实。所以如果有魔术的怀疑的话,也不见得一定就是控告。这在每个社会都不一样。在中国怀疑很普遍,但是没有变成直接的控告。这就是中国传统社会和欧洲传统社会的区别,而且这不是因为中国的社会很好,国家很强——我以后还会讲到——相反是因为中国国家的权力很小,我觉得帝国时代中央的权力很小,所以他们没有把这些怀疑制度化(systemtize)。而在欧洲的中世纪和近代早期,国家的权力越来越强,教会的权力也越来越强,所以他们制度化了那些控告,所以研究 witchcraft 的作用就是研究国家和教会,即研究权力历史的一种方法。

所以有直接的控告,而一些怀疑会变成直接的控告。如果有怀疑的话,你可以利用别的方法去应对,比如利用魔术去对抗魔术。这是传统社会的一般的方法,在台湾和香港都很普遍。我希望将来会有博士生研究这个题目,一位台大的博士生,荷兰人,他对这些问题很感兴趣。用魔术去对抗魔术,可能成功也可能不成功,都没有关系,因为都是信仰魔术的人决定的。但是直接控告会产生两种结果,一方面如果国家很强大的话,它会利用官僚制度,首先是拷问,其次是制度性地去扩大控告和规模,那就是 witchcraft 的社会,prosecuted society;另一方面如果国家很弱,有时候本地人会直接去抓人,但是这种事件便不会变成大规模的事件,这就是中国传统社会的现象。

但是资料不是很多,我们的研究比较困难。中国虽然历史悠久——你听出来我不喜欢这种说法,因为所有的国家都是历史悠久,所以说历史悠久没有意义——虽然历史很长,有文献的历史很长——历史文献从商武丁王才开始,历史有三千年之久——但是史料很有限。你统计一下中国晚明到清朝的历史资料统计,平均一个人资料的数量,例如和日本来比较的话,统计一下日本从 16 世纪战国时代到德川时代末平均一个人有多少资料的话,他们的历史资料比这里的资料要多得多,欧洲也差不多。所以虽然中国的历史资料时代很长,但是数量并不多,而地方性的资料就更少了。现在虽然比以前多,比如中国的学者最新发现了一些龙泉县和其他一些地方的地方资料,但这实际上和德国中世纪的资料去比较的话却并不算多。所以巴县、淡水和龙泉县以及另外一些地方相对是比较少的。没有地方性的资料,这个问题就很难研究。因为你需要很细致的资料,但其实中国社会史中细致和丰富的资料并不多,所以这很难办,但是很重要,因为要研究魔女,需要用比较历史的方法去研究,要把这个现象定下来,就是不仅要有这个现象,而且要说有多少,但是这个多少就很难统计,所以确定魔女存在就并不容易,有是有,那时定性地(qualitatively)来讲,但定量地(quantitatively)就很难说,因为资料太少,数字的大小就很难办。一些案件中有多少人是能做到的,但统计多少个案件是做不到的。而在西方的中世纪就可以做到,在荷兰、英国、法国、德国,都做得到,拉丁美洲、北美也做得到,在中国就不行,史料太有限了。案件的地理分布也很重要,这个可以做,因为中国社会史一般不是中国全国的社会史,大部分都是两个首都,到唐末就是两个首都的所谓"精英的社会史"。宋到清末大部分都是江南的一些大城市,当然还有农村的有钱人的社会史,但真正的农村的社会史基本没法做,没有史料。所以地理分布和社会阶层分布也很重要,最后我还会讲到。

我首先要举一些例子,在中国没有统一的魔女现象,这个和西方有很大的区别。为什么在西方有?因为西方存在一种国家的结构,那个结构觉得这个现象很重要,所以把那个词汇定下来了。而在中国、日本、韩国,国家好像没有注意到这个现象,或者觉得不那么重要,因为他们没有把词汇定下来。没有统一的词汇,也就没有统一的现象。

现象是什么呢?一个是"蛊",你们都听说过,而且听过的大概是两种类型。一是蛊这个词汇的来源,我记不清是《左传》还是哪里,反正一个早期文献就说,蛊就是把很多不一样的虫子放在一个盆里以后,最后留下来最毒的那部分。这是一个语源的解释,但是几乎所有的史料里讲的都不是这个东西。一般被叫作蛊的都是蠕虫,比如你们小的时候可能会接触到这种蠕虫,你可能很喜欢和你的小猫小狗玩,会接触到它们的排泄物,小虫子就会贴在你的手指头上,吃饭的时候就会吃到肚子里,上厕所的时候就会出来。传统上这种虫病很多也很普遍,前面说的这个危害还不大,还有危害大的会寄生在你的大腿里面。《搜神记》里已经有一个很清楚的小故事形容这种病,在南方有很多,特别是种水稻的地方。所以虫子在身体里的现象是非常普遍的,被叫作"蛊"的魔术几乎都是这个现象,他们都相信那个虫子会带来富裕。但是最早被叫作蛊的不是这种虫子,是利用肖像,那就是汉武帝的"巫蛊事件",很有名。一般研究这方面的汉学家,他们对蛊不是很感兴趣,他们主要是研究政治方面,他们没有注意到这里也有 witch 的信仰,因为这些历史学家不相信有魔术，所以他们会忽视这个方面。但是我觉得很重要，因为如果没有这个信仰，没有皇帝和太子信仰这个，就不会有"巫蛊事件"，所以这个信仰很重要。而且不仅是皇廷，全长安都受到了这个影响。在长安，不仅是在皇廷，很多人都被牵连到这个事件中而被杀掉了。这是中国第一个传统性的"witch prosecution"（巫术控告），很关键，但是他们都是利用肖像，我之后会解释这个信仰是怎么回事。

更有意思的是隋文帝时期独孤陀的猫鬼。当然你可以说他们不是真正的中国人，但是这个信仰是纯粹的汉族信仰，不是外来的文化，所以可以算是一个 witch 的现象，就是中国 witch 的社会史的现象。从我的角度来看，这个猫鬼的故事很好玩，但从他们的角度来看不那么好玩。为什么好玩？因为就是一个小猫的故事，他们放那个小猫出去玩，小猫回来的时候，他们就冲它叫："喂，小猫，过来！"等等，当然是用唐朝的语言来说，我不会，用现在的语言也不行，应该用那个时候的长安话。

余欣：

这个要问蒲立本（Edwin G. Pulleyblank）了。

田海：

对。所以他们用另外一种语言来叫那个猫："小猫回来，小猫回来。"但是利用一个我们都懂的方法，他们放粥，所有唐朝的小猫、隋朝的小猫都喜欢。这个我觉得非常好玩，因为这个故事很容易理解，有的时候历史上的现象很难理解，因为我们现在已经没有这个现象了。这个故事是怎么变成 witch 的一个控告的？因为他们信仰小猫是猫鬼，它会去偷别人的财物后带回家去，所以就变成了 witch 的控告。

好，我还有 45 分钟，我要讲快一点，对不起。基本上这三个个案中，那个杨广我就不讲了，基本上也就是一个放蛊控告，他们都相信这种放蛊的现象，这并不是杨广——就是以后的隋炀帝——利用一个他自己不相信的控告,他是利用一个他自己相信的控告。但是这三个案子都是有政治背景的,特别是汉武帝和杨广这两个案子,所有的人都相信,但是有些人利用这种控告去打破别人的支持网,提高自己的政治权力,所以这完全是 witch 的现象,但规模不一样,一个是国家性的,一个是地方性、本地性的。但是基本上结构一样。送富裕的蠕虫也是同样的现象。最早的比较详细的故事就在这里面,而且你很容易找到这个资料。因为几乎所有讲宋朝巫女历史的书都讲到这个故事,因为他们把这个故事当作一个真的现象。这就和控告不一样了。因为如果是真的现象,那个被叫作是巫女的人自己就会相信是他(她)干的。而控告现象不是搞魔术的人相信,是控告他(她)为魔女的人所相信的,所以就完全不一样,是自称和外称的区别。我讲得清楚吗?还是应该更清楚?

余欣:

我觉得已经可以了。

田海:

所以这个故事你可以自己去查一下。在台湾这种养小鬼的故事非常普遍,但是闽南人不喜欢讲,所以很难找到资料。我需要别人帮助我,如果是我自己做采访的话,他们不会和我讲,因为他们不认识我。这些都不是什么积极性的事情,就和你们一样,中国的不好的方面,你们肯定也不会直接和我讲,我要和你们建立长时间的关系,你们才会告诉我一些你们文化的缺点。我没有这个问题,我什么坏事都会告诉你们的,我是比较例外的荷兰人。有一些帮助我的人,他们做田野调查的时候听到这些故事,帮助我搜集这些资料。但是我在台湾和他们讲这个故事以后,发现这种故事很普遍,在香港也有,我以后还会讲,在岭南也非常普遍。这并不证明岭南有 witch 的现象,汉族文化没有。这说明中国现在的人类学家和传统上中国的文人一样,都不喜欢讲自己文化中负面的事情,我发现汉族文化也有,虽然不多,但也有 witch 的控告。比方说"采生",对此我做了比较多的研究,而且在 *Telling Stories* 里面我也讲到了这个信仰,基本的前提、背景文化都是每一个肖像(statues)需要有一种活力(life-force),没有活力,肖像就不会有效,而且任何动物都可以放进去。我觉得这两个例子,这个 PPT 上不清楚,原本清楚得多。我看过原本,这就是我的图片,这里实际上是一个 sea horse,海马。这里我解释一下,在我自己做的田野调查中,我发现了里面有活物的肖像,这是一个推测,因为我不能研究所有的中国或者世界上的肖像。但是我估计原来所有的肖像里都会有某一些活力,或者是真正的动物,或者是代表那个动物的东西,比方说代表那个五脏六腑的东西,这里用的是模仿的,原本我没有带来。这个是模仿心脏,所有的五脏六腑都被模仿了,是用丝绸做的,看原本的话更清楚,而且你们肯定猜不出来是什么肖像里面的。你们大概想的是一些民间宗教里的塑像,因为佛教、道教不会有。但是这个是观音里面的东西,是 16 世纪末年或 17 世纪初的,基本都是万历时期的。总之是明末的一个观音塑像里面的。而且我觉得折痕奇怪,为什么呢？不只是因为有模仿,模仿心脏什么的。(可以看得)很清楚,都是用丝绸做的。丝绸是怎么做的？是要杀掉很多很多很多的动物(蚕)才能做出来。一般佛教不会用,不会用丝绸做,但是创造这个信仰的还是匠人,他们必须要加入这个活力,否则这个塑像不会有效。所以它们是魔法。对他们来讲,这不是用真正活着的动物,他们把丝绸和动物分开了,对他们自己来讲大概不是动物的东西。但是对我们来讲应该是一个动物。这就证明活力有多么重要,所以有模仿五脏六腑,也有用动物,一般都是小的动物。像鸟儿、海马什么的,都是小的动物。

八字,当然对我们现代人来讲,八字就是你出生的日子和时间,但传统社会里八字还代表你们的活力,你们的八字就很关键。我知道了你们的八字就会用魔术去控制你们。我的汉语老师,那会还是 80 年代,就不会告诉我他的八字。虽然他是知识分子,但也不会讲,甚至他都不会告诉他的老婆(荷兰人)。他老婆当然知道他的生日是哪一天,但不知道具体是什么时间,八字不全，所以他的老婆没法控制他，最后他们离婚了。如果你爱人可靠的话，你可以告诉她（他）你的八字，对你的婚姻可能是有贡献的。八字也代表你的活力，所以八字也是活着的东西，而且有很多很多的证据。我在 Telling Stories 已经说过这个问题，八字和动物的作用、和模仿五脏六腑的作用一模一样。

开光，一个肖像也要开光，至少那个眼睛要开。有的雕像要说话，所以嘴巴也要开光。有的塑像手要动，腿也要动。所以开光不仅是眼睛和意识。开光有道教性的有佛教性的。意识的话，传统上是利用些活着的东西，连那个祖先的排位，也要用血去开。现在用红颜色的墨，但是传统上要用血。所以所有的代表人或动物的肖像都要有活力在里面，这个是很重要的"采生恐惧"的前提。因为从小动物的活力到模仿五脏的活力，到真正用人的那个活力的距离很短，所以他们就十分恐惧。因为他们设想那个过程很短。

这种故事就比较多了，第一是"樟柳神"的故事，我在 Telling Stories 里面已经说过了，小孩子要住在樟柳神的塑像里。我原来写书的时候以为那些术士自己也相信肖像里边有真正的人，但我现在改变了我的意见，我现在想，他们自己不相信肖像里有真正的小孩子，大概有的是活力，但不见得是孩子。外界其他人就很害怕，因为他们认为樟柳神之所以那么有效——也叫作"儿道神"——能够知道将来的事情，是因为那些"小孩儿"在里面帮助那些术士。所以我觉得那些樟柳神的故事，很多都只是一种恐惧，而非真的有这样一个客观的社会现象。匠人也利用采生的方法，但是他们被抓住的可能性不大，因为匠人在传统社会中总是行游四方，一个匠人并不住在一个固定的地方，当然来自原来的某个乡下，但是他们一般是在很大的范围谋生，因为这样才有足够需求。所以当他们走了以后，就有人对他们留下来的肖像产生了恐惧，但不会变成一种具体的 prosecution，因为匠人已经走了。

"杀人祭鬼"也是一种 witch 的现象，这个我也已经讲过了，黑眚我也已经讲过了，也是采生的恐惧。这个因为史料比较多，所以对我来说也比较有意思。樟柳神、杀人祭鬼和匠人的故事资料太少，所以不能做统计性的、数字化的、quantitative（计量）的研究和分析。但是黑眚的资料非常多，我没有具体统计，好像至少有一百个以上的案例，而且大部分都是在江南地区。所以可以做统计性的研究。一个很重要的结论是，在早期，也就是从宋朝至明朝存在很多对黑眚的恐惧，都是一些对鬼的恐惧，那些鬼不是很具体，没有人施加魔法。但是嘉靖时期，就是1557年以后，这个才变成真正的对具体人的恐惧。因为那个时候对黑眚的恐惧就是从江南地区一直蔓延到福建地区、岭南地区，具体情况不太一样，我没有带地图过来，但是那个恐惧的规模非常大，资料非常丰富。一般的黑眚恐惧，举办一些 exorcism rates（驱鬼仪式）就够了。但是倭寇来的那几年，倭寇是很具体的坏人，所以对倭寇的害怕就变成了对黑眚的恐惧。黑眚有魔法，但需要有人操作这个魔法，所以从那个时候开始对黑眚的恐惧就变成了对术士的恐惧。而且从那个时候起，每次有黑眚的案例就有术士被杀掉，这就变成了对 witch 的控告。但是除了放蛊、采生以外，也有别的，比方说——这个是我的翻译，和你们翻译英语一样，可能不完全对——对盗取繁殖能力的恐惧，就是 fear of stealing fertility，可以理解吗？

余欣：

可以理解，但是我们不用这样的词。

田海：

那你以后和我讲讲应该怎么翻译更好。基本上有几种形态，一个是偷阴，就是偷雨水，我叫作"死后魔女"，因为那些被叫作魔女的人已经去世了。但是在我们的世界观里去世了，在传统的世界观里却没有去世。去世不是断气的时候，而是你所有的丧礼都结束以后，才算真正的去世。所以至少四十九天以后才算真正去世。被叫作荒魃的人就是刚刚去世的人，他们是还没有真正死去的人，从中国的传统社会来讲，他们还是活着的人——不完全死，也不完全活。所以在我的研究中叫作"死后魔女"。基本情况就是一般有一个很长的荒灾，但他们怀疑这不是自然现象，因为时间太长了，就认为是人为造成的。这可能是因为皇帝搞的仪式不好,或是本地的城隍庙搞的仪式不好,或是雨水被偷走了,总之有各种各样的解释方法。还有一个解释是荒魃来了,荒魃是谁？就是最近去世的那个老婆子,就是年老的女性。年轻的女性虽然去世但不会做这个事情,因为只有老婆子才会,所以她们就把水偷走了。由此就产生了控告,有人说你的(别人的)老婆是荒魃。于是就去肢解尸体,毁坏它就可以了。但是这样做之后,就会有亲戚去打官司,官府就会感到事情很棘手,所以案子就发展了起来,产生了大规模的此类事件。这个我叫作死后魔女,这是一种魔女,但是这个事件并不会扩大,因为只有一个荒魃,很难扩大规模。虽然是 witch 的现象,但是和欧洲的都不大一样。另外一个就是偷取生命力,这是一种非常普遍的恐惧,又是一个繁殖力方面的,fertility practice(生殖行为)方面的。我原来以为这只是一种恐惧,因为我写白莲教那本书的时候已经用了这个故事,它们就被叫作白莲教的信仰,我就觉得这些是想象的,不会有真正的这方面的信仰。我有一个朋友,是研究汉族的民族学家,最近他做过一个离河北石家庄地区比较近的田野调查,那边有一个很有意思的习惯,不能生育的女人会去进香,去一个小山拜一个什么娘娘,名字我记不清了。但是在拜娘娘以前,她们要去旁边农村和别的男人睡觉,不是和她们的丈夫,而是和另外的男人睡觉,就是性交,所以经常九个月零两个星期以后她们就有了孩子。她们说是那个娘娘送的,当然她们知道是哪里来的,但是她们就虚构了,说是那个神送的。今年的情况我不知道,但是去年、前年还有这样的现象和信仰。而且我觉得非常好,真的很好,为什么你的丈夫不行呢？可能是你们的性交配合不好,太紧张,还可能真的有生物学上的一些缘故,而利用这个方法就挺好。这个完全是虚构出来的,你没问题,那我也没问题,当然她们不能说和别的男人睡觉,所以说是娘娘送的,这是非常好的一个现象。所以我希望我讲过这个故事以后,你们不要告诉公安局,因为他们可能不赞成这个信仰,这是我们田野调查的一个困难,他可能后悔告诉我这个故事。但这就证明真的有这个习惯,这很重要,对我的研究也很重要,说明不完全是想象出来的,是以社会信仰、社会政治习惯为基础的。

江南地区传统上有"五通信仰"和"五通恐惧",一般我们学界把五通信仰当作一种真正的实践。所以他们真的会让他们的女孩子和五通神睡觉,通过睡觉,也就是性交,他们就会得到很多钱。实际上我觉得原来有两个故事,一个故事是背后的故事,你拜五通是因为他是一个财神。原来,宋朝以前这个神就已经是一个财神了,而非清末才变成财神,他原来就是一个财神。崇拜五通的缘故就是因为你要得到钱和别的东西,但别人不想看到你发财,所以他们就背后说你坏话,说你把女儿放进去和神性交。所以有两个故事,一个是背后的故事,一个是表面的故事,所以我觉得五通有witch方面的信仰,但并不全是witch,真的信仰和只是害怕是两回事,必须分开。所以将来我写这本书的时候要分开去说这几个故事,尽可能地证明那些说性交方面的事情是外界的谣言,而不是真正的信仰。

也有报仇方面的。嫉妒经常会变成报仇,你怕别人用魔术让你变得贫穷,所以你要报仇,用武力或者打官司。中国传统上是利用诬告,我以后还会讲到。一个说法是你的邻居制作了那些肖像,用那些肖像去害你。我找到的故事不多,但的确有,是一种voodoo(巫毒),是一种信仰,这里有写。还有一种和voodoo同样的现象,当然仪式不一样,但是基本构造差不多。这些故事,我只找到五个,是明朝和清朝的案子,资料非常少。这说明大体上有这些现象,虽然规模不大。还有一个我还没自己去仔细去研究,只是利用别人的文章,就是"打小人",是香港的报仇仪式,而且好像有证据。这是wikipedia,你可以找到这个资料(指幻灯片)。这个是不是真正的报仇仪式,我还不清楚,因为很多证据经过分析都不是证据,比方说,有人类学家认为是cannibalism(食人),有吃人的照片和吃人的画。有一个叫作郑毅的人,他写过一本书,说广西在"文革"的时候有"食人"现象,但他的证据都是非常表面的报告,我看过这个报告,每一个"食人"现象都是两三句话,非常表面。也有照片,但是比这要更粗得多。原本就很粗,所看到的都不是吃人的现象,我估计是神灵崇拜的现象。因为神也需要用心脏什么的去祭祀,所以我估计那些原本都不是食人现象，而只是一些崇拜现象。以后的故事就变成了对食人现象的控告，在"文革"末年和"文革"之后，他们就利用这个控告去瓦解广西壮族自治区书记的支持网，而且很成功。用照片可以证明食人主义，但照片经常很不清楚，所以可以用各种各样的解释去证明他所说的内容。所以实际上这是不是证据，我还不清楚。至少有这种谣言，在香港有人相信这种报仇仪式。而且还有一个驱邪仪式，驱邪仪式在谣言里面变成了对 witch 的控告。这让我很高兴，因为有这个现象我可以去做田野调查。我派我的学生去做田野调查，因为我去的话会引起他们的注意，会改变他们的故事，因为我是一个教授，很有名大学的一个没有名的教授，所以他们不会告诉我真正的内容。所以我需要派一些很一般的学生——硕士生去做田野调查，才有希望了解到真正的状况。风水冲突有时候也有 witch 的方面，但因为规模不会扩大，也不会成为 witch prosecution。

最后要讲到我觉得最有名、最有意思的两个 witch 现象。第一个是传教士的 witch 的现象。从构造上来看，他们叫作天主教、基督教教士——从他们的角度来看，从我的角度来看，从你们的角度来看——但是那个时候，19 世纪的时候，一般中国人就是把他们当作魔男，不是教士。这些民众不懂基督教，也不懂天主教，所以误会非常多。比方说他们相信那些传教士拐孩子，做各种各样的坏事。当然从传教士的角度来看不是拐孩子，他们买那些快要去世的孩子，他们要办洗礼，因为教士相信不办洗礼那些孩子要去地狱，而地狱非常苦，所以他们自己的想法是要去救那些孩子。但是不懂基督教的人就不这样认为，他们觉得这些传教士可能要干坏事。他们认为教士拐孩子的目的就是利用孩子的活力做肖像，做一种长命药，这个药可以让他们活很长时间。那些传教士通常有比较好的医学背景，所以就比普通中国人活得更久、更健康。因为有这种想法，他们被看作术士。从中国文化来看，他们是 19 世纪中国最普遍的 witch。但是这个在西方历史学家来看就很麻烦，因为我们不会否认他们是西方天主教或基督教的性质，所以我们不会用那个 witch 的 paradigm 去分析这个问题，但是我觉得如果用这个方式去分析那些教案会得出新的东西。那个时候教案就不再是教案,因为教案原本的意思就是天主教、基督教而引起的一些矛盾。但是很多历史学家,中国的、日本的、美国的都已经写了很多书和文章来证明主要的不是对魔术的恐惧,真正的背景是那些一般传统社会上的矛盾,比如对土地所有权的争夺。中国几乎所有传统社会的地方史料中都包含关于所有权的矛盾,唐朝、宋朝、明朝、清朝都有这种资料。有关所有权的小规模的战争非常普遍,因为传统中国地方社会就是一个很暴力的社会,不只是福建的械斗,全中国都有大规模暴力对抗的事例,这些暴力对抗很多被认为是由土地所有权引起的,所以这些教案基本上都是一些传统上社会史的现象。但我觉得这个从内容上来讲,应该把它当成对 witch 的恐惧。

第二个比较好的例子我觉得是 50 年代到 70 年代的政治史。因为有很多运动,表面上是政治的运动,但深入来看会发现不是纯粹的政治,一般都包括社会和个人的矛盾,但是这个就更难研究,因为它不是一个被公开承认的社会背景,无法从现在政治的角度去分析。但是我找到了一些证据,比方说"文革"初期有一些红卫兵,他们参加了这些运动,之后跑去了别的地方,主要是美国,把他们的经历写了下来。他们就说明了那个时候很多的矛盾不是政治矛盾,而是社会的或者个人的矛盾。比方说,一个人和另外一个人的老婆睡觉,于是丈夫就利用红卫兵去报仇。第二个比较多的现象是腐败控告,而且最近也有。我不说名字。我不相信中国是唯一有腐败现象的国家,北美腐败也很普遍,在 congress(国会)里非常普遍;欧洲,特别是南欧的腐败现象也很严重。所以我现在说批评性的话,不是说中国是唯一有腐败现象的国家,我不是那个意思。但我是研究中国历史的学者,所以我举一些中国的例子。腐败控告,如果去统计这个现象,腐败控告没有腐败现象那么广,就是说很多腐败现象没有发展到官司的地步。这个就说明腐败控告并不是纯粹为了打破腐败,是利用控告去做一些政治斗争。所以我觉得这是很像 witch 的现象。witch 的现象也不是真的利用客观存在的现象去攻击一些人,而是用想象的东西去控告人。当然腐败并不是想象的,是客观存在的，但是利用的方法就很像 witch 控告。人肉搜索我觉得也是一个 witch 现象，因为完全不是一个客观的搜索，完全是你不喜欢别人，才去做人肉搜索，如果过分了我觉得就很像 witch prosecution。第三，这里留下很多有资料的活化石，岭南地区留下很多民族矛盾，也有很多 witch 的控告。台湾香港也有，但是如果有田野调查的话，至少恐惧和怀疑在全中国都有，而且在农村，一个恐惧很可能就会反映在一个具体的官司上。

为什么会找不到魔女？一个可能是词汇上的问题，在中国没有统一的魔女现象，所以我很难找；另外一个就是史料，中国地方社会史的史料很有限，都是发表和印出来的东西，原本没有，但地方志很多。地方志都不是原本，地方志都是一些官员和知识分子写的东西。我估计——但我不能证明——中国真正的魔女、魔男现象比欧洲要小，不是没有，但是规模小得多。为什么小？第一，细致化的政治机构没有欧洲那么强，这个和欧洲 16 世纪的历史有关系。在这一点上，我的同事——欧洲和美国的汉学家可能不同意，因为他们的想法是中国传统社会的皇帝制度是一个很强的制度。我做过一些研究，可以证明中国的传统国家，一直到 18 世纪的清朝中期，政治统治还是比较弱的，因为没有那么强的结构，所以恐惧不会变成一种 prosecution。另外一个缘故是中国没有基督教，又没有天主教，这有一个好处——但我觉得比较遗憾的是，中国现在的基督教越来越普遍。因为我喜欢中国有自己的宗教，当然这是个人的看法——因为有天主教和基督教，所以魔鬼信仰在欧洲是不会公开承认的。虽然你还会恐惧，但是你不会承认，所以你不会办仪式，办仪式就很麻烦。而在中国有很多替罪羊的方法，这是一个好处，当然是所谓迷信——如果你跟我写论文的话，我会禁止你用迷信这个词汇，是很方便，但你们都懂我的意思——迷信、信仰、宗教，因为有各种各样的迷信，也有很多方法去祛除，所以你可以用魔术去对抗另外的魔术，这个在欧洲就不可能，欧洲只有天主教、基督教，它们否认有鬼的存在，除了撒旦以外就否认那些鬼的存在，虽然你相信，但是你不会在天主教、基督教里面找到办法，所以你变成 witch。魔女魔男，或者是恐惧魔女魔男的人，这个是中国和欧洲的区别。而且也有别的诬告,这个我还要研究,但是我发现在中国诬告现象很重要,一般诬告都是土地所有权的诬告:你说这个地方是我的,但契约不很准确,所以这个诬告很容易,那是怎么成功的呢?你需要影响,怎么影响?第一需要钱,用钱去贿赂那些官员,或者只收买他们的役人就够了。另外一个是政治关系,利用政治关系就可以赢得那些诬告,所以那些诬告经常是长期的。开始的时候,投诉诬告的人会赢,但是几年以后他的影响小了,对方的影响大了,事情就会起变化,利用诬告可以影响你的支持网。所以在中国诬告现象很普遍,可能是因为没有 witch 现象的缘故。

另外就是机构的强弱,这个将来我还要研究,我发现 18 世纪是很好的例子,50 年代到 70 年代也是很好的例子。下面我会讲,是强国家还是强皇帝。一般都是皇权强大的时候,才有放蛊的控告,因为皇廷的机构比较强,所以除了假的控告以外没有别的方法。18 世纪的清朝算是比较强的国家,这个对不对是另外一回事,但是我估计雍正和乾隆时期是比较强的,和之前之后相比都是比较强的,那个时候宗教迫害也最多,一直到嘉庆时期。所以这比较符合我的理论,中国国家比较强的时期,也是宗教迫害最多的时期。50 年代到 70 年代同样是一个比较强的时期,虽然没有现在那么强——我觉得现在的国家,就是中华人民共和国,比那时的国家更强,但是我在历史上也有一个解释,因为更强的国家就不需要控告了,他们有别的方法,他们不必害怕。witch 的控告是一个过程,国家没有权力,或者除了赋税、服役以外几乎没有权力的时候,都是农村社会自己去对付那些对巫术的怀疑和恐惧,所以规模会扩大。对于国家或者教会而言,国家变得更强大需要时间,它会有 witch 的恐惧,但是国家更强大的时候就不需要害怕了,它可以变成一个很 tolerant(宽容)的社会。中国现在就是一个很好的例子——就是共产党,我知道这里也有共产党,肯定有,我不怕,我也不反对,我很喜欢共产党,我有很多学生很多朋友都是党员,所以我对共产党的看法也不是很黑白分明的,除了开玩笑以外。我觉得共产党在变,他们对民间的很多东西都不是很害怕了,为什么不害怕?因为他们自己也不相信了,不相信的现象你不用害怕,所以因为现在的国家更强了,就对这些东西就不感兴趣了。这个可以算是我一个理论的证据。在我的书里我就主要讨论这几个论点。因为时间已经过了一个半小时了,所以我就讲到这里。

提问与回答

余欣:

谢谢。田海教授刚才讲了很多很有启发性的观点,真的非常丰富。作为中国历史的研究者,我想做一些简单的回应,然后把时间开放给大家。

在最后田海教授讲到中国为什么没有很显著的巫女现象存在,他已经做了各种各样的解释。中国历史的研究者,当然也曾经注意过这个现象,并不是我们完全没有注意到。但就像您刚才讲的那样,因为概念上有很多问题,在我们传统的概念里面,我们用"巫"、用"觋"、用"方士"、用"术士"这样的一些概念,没有一个真正的巫女、witch 的概念。这样的概念能不能成立,在中国的史料里面是很有问题的。

第二点呢,田海教授刚才讲到有史料的问题。中国史料里虽然有一些记录,比如说在《汉书》里面,《后汉书》的《方术传》,其实《后汉书》的《方术传》是非常重要的史料,里面记载了很多术士的故事、法术。也曾经有一位学者,我想您应该认识,就是林富士,写过《汉代的巫者》,在台湾"中央"研究院,那本书是因为他的硕士论文,写得比较简单。中国对这个现象的注意呢,一方面像您所批评的那样,很大的着眼点是放在政治史,从政治的角度去考虑,对巫本身、对巫术本身的研究不够。相对术士本身,可能对术的方面研究的稍微多一点,因为尤其是出土文献,像马王堆出土文书啊,还有一些别的出土文献里面,对巫术、技术本身的研究,现在比以前要多得多。但关于术士本身的研究,显然还是很不够。还有就是您讲到的,地方性史料的匮乏,这个确实是一个很大的问题。我们之所以非常重视出土文献——因为我是做敦煌吐鲁番文书的,那是非常重要的地方性文献,但是这些地方性文献，并不足以做巫这样的研究。当然这里面有一些方术，您这里面提到的，转女为男的巫术，就是小孩子还在肚子里，怎么样把它转变为男的，通过这样的方法，这个医方其实有很多，但是出现在正统的医方里面，像孙思邈的《千金翼方》，还有包括日本的《医心方》——《医心方》都是从中国拿过去的，也有这一类的方术的存在。但是真正要做巫女这种现象的研究，一方面这个现象可能并不是很显著的存在，另一方面地方性史料确实很缺乏。明清的方志，就像您刚才讲到的，方志很多是地方文人创作的，虽然也写了很多民间的资料，并不代表直接的民间的史料。

还有像王明珂的著作里面，您注意到台湾史语所的王明珂的著作，就是您刚才讲到中国研究巫的主要是民族学的学者，这是为什么呢？您可能不大知道中国很长一段时间没有人类学。

田海：
我知道，因为马克思主义。

余欣：
人类学被取消了，所以那时候人类学是不好的，是资本主义的，摩尔根这些都是很坏的人，所以我们不要人类学，所以剩下只有民族学，所以中国后来做人类学的除了从西方留学回来的，都是做民族学的。一直到现在，很多做人类学的都是做民族学的学者，他们当然做了很多调查，他们的调查是不是有问题，我们很难说，尤其是五六十年代，就是刚才您提到的食人族，食人崇拜可能不存在，只是祭祀或者怎么样。但是我看过一些50年代在广西做民族调查的工作者后来写的回忆录，回忆录当然不一定完全是真的，但是据他们调查，他们亲眼看到，有"食人现象"的存在，所以我也不知道到底应该如何来判断。

还有讲到在佛像里面放有海马、小动物等。这个最早不知道什么时候开始，但是在佛像里面，让佛有灵气，然后就能够灵验，这个很早就有了，唐代可能就有。但是我们见到的都是比较晚的，都是明代的史料比较多。比如说像一些重要的经典佛经,都是一些佛像里出土的,敦煌也有发现,敦煌土地庙里的佛像也有佛经,有经卷。还有唐代的一个星占的文献——《开元占经》,也是放在佛像的肚子里才保存下来的,因为当时的人相信佛像必须像人一样具有五脏六腑,才会有灵性,有灵性才会给人以灵验,才有神力,这个应该是很早就开始做的。您刚才讲得很有意思,我不知道有海马这些东西放在里面,因为这个也不是很容易得到的。

田海:

这是贵州的,是需要买的。还有商朝的甲骨文,那个甲,也是买来的。

余欣:

那这个就很有意思了。不过刚才可能时间不够,您没有很详细讲别的替罪方法。您认为法国学者、中国学者没怎么做大概是因为不喜欢,但可能也不见得完全是因为不喜欢,因为也不太容易着手去做。但是法国的学者原来也做过,我记得叫作勒内·吉拉尔(René Girard),他主要是做神话学的,他有一个解释,就是关于为什么要有巫的存在。巫的存在是一种必要,因为他能够缓解社会的紧张度。社会由于天灾、外来者、疫病、战争,会产生紧张感,如果找到替罪羊,就会缓解紧张感。所以王明珂有关羌族的调查,有一部分实际上是用了 Girard 的理论,就是他讲的有一个羌族的毒药猫的故事。这个故事讲的是女人到了晚上,她用什么动物的皮毛,就会变成什么动物,然后她就会害她不认识的人,出去或者在家里面,也会害她的丈夫和儿子,但是不会害自己的兄弟,也不会害娘家的人。而且他也讲到毒药猫基本上都是女的,但是也有男的,女的为主。而且女的毒药猫是会遗传给她的女儿的,男的毒药猫不会遗传,他讲了很多这方面的故事,所以他也用了替罪羊的故事来解释为什么需要有这样一个角色的存在,可以缓解社会的紧张度。

还有就是您刚才解释是不是中国的政治结构很强大,不会出现这种现象。中国有很多研究政治史和官制史的,比如皇帝制度、官僚体系,但是他们没有从这个角度来考虑,是不是因为,中国的权力控制很强大呢,还是很弱呢,不同的时期是不是有不一样,我们很难来做一个总体的判断。是真的很弱,比欧洲弱,还是很强,很难比较,我不知道做官制史的人是否同意您这样的判断。

我想我不要占用太多的时间,是不是下面有很多同学有很多问题想向您提,希望您再进一步阐发您的想法。

田海:

我想简单地回答一下。很重要的是,每一个故事里面要分析出来是被叫作巫的人,还是叫别人巫的人,是谁的故事。我们很多历史学家忘了分析这个方面,他们把所有的故事当作一个来源,因为他们相信那个故事是文人写下来的,应该可靠。但是原来那些故事都是口头文化,文化是谁讲的很重要。举一个例子,我还没写过我的回忆录,我可能之后也不会写,因为我知道回忆非常不可靠。我有时和我老婆吵架,这在我家庭里是一个比较普遍的现象,我们吵架的缘故基本上就是我们不同意我们以前所说的东西:我说我没有说过,她说你说过,而且我真的相信我自己的看法,她大概也相信她的看法。我吵架的时候没有注意到,但是以后我就发现,我和我的两个孩子讲话,他们就说你有一次说过那样的话,我就发现我的回忆不对。我和我爱人是最亲近的人,所以连最亲近的人,也和我有不一样的看法。所以回忆录是几十年以后才写下来的东西,可能你没有亲眼看到一个事情,是通过以后的故事而想象的,以至于忽略或者误解了你所看到的。所以这个分析很重要,而且精确是不可能的,但又是可能的。食人的问题,我原来想写一篇有关食人的文章,但是已经有很多人写得比较好了。最好的是叫 Arens,名字是 *The Man Eating Myth*(《食人神话》),他70年代就已经写过了。他分析了那些故事,发现几乎所有食人的故事都是在讲别人的故事,而不是讲自己有关食人的故事。如果不讲自己的事情,那么故事就会非常不可靠,因为故事的目的很可能就是讲别人的民俗、农村的坏话。中国有讲自己的食人的故事,但很多也不可靠,因为你不会吃心脏活下去。所以那些故事至少有很多想象的方面,但是仔细分析的话却十分困难。

权力问题,我所用的方法是考察赋税,我发现唐朝的赋税收入主要来自北方,因为有均田制(equal field system)。均田制度也有地图,西方人画的地图,可以按照这个地图去分析。

余欣:
不过也很难说均田制在南方就没有实行过。

田海:
没有,因为地图是靠20世纪的照相技术得到的,照片会百分之百证明,某些地区之间会保持距离,这个距离现在还能看得出来,用的是航空照片,air photography,就看得出来均田留下来的地方。

余欣:
从新发现的吐鲁番文书来讲,在北方这种土地的还授制度也不是完全不实行,但也不是真正实行,所以北方的均田制,每个地方也不一样,有宽乡有狭乡,就是土地多的地方和土地少的地方,松紧的程度也很不一样,所以这个控制力可能很难讲。

田海:
我们要谈到这个问题,因为我们要谈到中国历史上强的朝代和不强的朝代,需要一个客观的方法。官僚制度每一个朝代都有,所以这个无所谓,有官僚不证明是一个强国家,但是这个我们以后可以谈。

余欣:
各位同学有什么问题吗?请大家趁这个机会向田海教授多请教。

学生：

田海教授您好！请问您在前面提到的明清时期的材料大部分是来自哪里？是当地的案卷还是地方志？

田海：

案卷基本上没有，清朝以前就没有案卷。地方志比较少，志怪小说、笔记比较多，有佛教的历史，有道教的，有很多资料，但是地方志比较少。

学生：

我在明清笔记小说里看到相当多的有关巫术的内容。

田海：

关于巫术的很多，但是关于 witch 的不见得很多。经常有一个误会，我不是说没有那种 shaman 或是 medium 的巫术的资料。

学生：

我想问一下，您说的 witch 这种现象是关于目的还是关于手段？

田海：

是一种手段，把巫术当作一种手段来利用。

学生：

这种现象在例如《子不语》和《阅微草堂笔记》有涉及，我记得至少有两篇以上吧。

田海：

有，《子不语》里面有，有很多。但这不算多，你看那么大的国家，除了

《子不语》以外还有别的，《夜谭随录》什么的，可能有几十个故事，但是这么大的国家才有三四十个故事，不算多。所以我刚才说，中国历史资料很多，但平均到个人的资料而言，日本更丰富。所以那么大的国家有那么多的史料，不算多。所以人口那么多的清朝才有四十个故事的话，不算多。德国很小，不是德国，是德国里面的小国家有好几百个，每个城市，每个镇都有好几百个 witch 的案子。这样算的话，中国比较少。

学生：
这里还想问下，您认为国家强引起宗教迫害强，是指思想控制强还是各种其他方面？

田海：
是制度的问题，人身的控制，不是思想的控制，是人身方面的，很具体的控制。

学生：
田海教授您好！我想问一个有关杀人祭鬼的问题，您去四川做过调查吗？有关杀人祭鬼的。

田海：
我没去过。

学生：
因为《宋会要辑稿》里面记载，四川在产盐之前会杀人祭鬼。因为它很孤立，只有一个这样的记载，所以我就不太清楚这个鬼是男鬼还是女鬼，就是性别区分。

田海：

一般没有写清楚，有男的有女的。杀人祭鬼的资料，提到这个词汇的资料很多，但是足够具体的资料并不多，所以这也是一个问题。有很多《宋会要》里面的故事都不是故事，都是记载很表面的现象，而且都是官方的看法，所以更没意思。南宋的《夷坚志》，那些故事具体一点。但是杀人祭鬼很难分析，因为资料太表面，所以经常是一个资料的问题。刚才也说过，我们有很多社会史的资料，但是一般都是官方的，所以具体的情况就不是很清楚。因为我需要批评官方的分析，所以我需要更详细的、更偶然的资料，而杀人祭鬼的资料不够详细。

学生：

如果《宋会要辑稿》是宋代的话，再往前到汉代的张道陵，就有一个传说，他杀人祭鬼，但杀的鬼是女鬼，是为了控制四川的盐资源，所以有一个神话故事。这个鬼很明显是女鬼，所以我就想它们之间的连接度有没有？有多少？

田海：

张道陵是汉代的人，但是这个故事是宋代的，或是宋以后的故事，而且不叫杀人祭鬼。他是杀人而祭鬼，但是那个故事没有表现出来，这个很关键。因为我分析的都是表现，我不是研究真正的那个现象，也不是研究一般的传说，我是利用表现，就是 witch 的表现。但是那个故事本身不够，有很多很多杀女鬼的故事，好几百个、好几千个，很容易找到，《子不语》大多都是那样的故事。

学生：

最后还有一个问题，为什么这个地方以女鬼作为对盐的控制，而道教要通过控制它来控制资源？我觉得是一个很值得关注的话题，所以想请教下这个，谢谢！

田海：

实际上这个不是我的研究，很关键的是，是什么时候的，是谁讲的故事。故事我看过，我知道这个民间的传说，但是我先要问的是，是什么时候的故事。因为要了解讲那个故事的人的社会背景。首先这个故事并不是发生在汉朝的，至少是宋以后的，因为照道理这方面大部分都是宋朝的故事，是有历史资料的。所以这个很关键，我才能回答你的问题，但我不研究这个问题。当然这个也有关系，你说蚩尤，我研究的蚩尤，他也打败了一个荒神、荒魁，可能是男的，但也很难说，也不那么重要，很多鬼原来是男的还是女的不重要，有意思的是从宋朝以后性别越来越重要了，但原来的鬼的性别不那么重要，这是很有意思的现象，但是我以后要看原文才能判断。

学生：

教授您好！我想请教一个问题，您觉得巫术作为一种控告，巫术能够控告人是不是说明它是一种很负面的东西，所以才要去控告它，因为如果它是一种正面的东西的话，那就是一种受人尊重的或者是一种荣誉的体现。

田海：

你的逻辑是，因为是控告，所以是负面的。

学生：

如果这个东西社会评价很好，我们怎么能控告别人呢？

田海：

那你偷东西也是负面的吗？

学生：

对啊，这在法律层面上就是一个有负面标记的行为。

田海：

我可能听不懂"负面"的意思。

学生：

负面就是不好的。

田海：

OK,那当然,要么就不是控告。

学生：

那您有没有关注到,巫术在地方上是会有一些正面的形象呢?

田海：

当然有。

学生：

那在您的研究中是怎样解释这个现象的呢?

田海：

我自己不认为巫术是不好的,我无所谓,别人要办巫术我也无所谓,不杀人就无所谓。所以对研究者来讲,巫术是好的还是坏的都没有关系。值得注意的是,参加巫术的人有什么评价就很关键,他们觉得是不好的就可以利用去做一个控告。我研究的是控告,不是巫术,控告里面巫术总是坏的。

学生：

但是我想说在您的个案里面,在这么一个地区,如果同时还存在着一些普遍的或者更为普遍的大众对巫术的一种正面评价,那这个地区的控告是否成立、巫术是否是一项罪责就要重新考虑了。

田海：
正面的东西会变成负面的东西。

学生：
如何变成？有没有案例？

田海：
比方说，我的腐败对我自己来说是很好的东西，对我的关系网来说也是很好的东西，但是对我的敌人来讲是不好的。所以同样的现象，会有不一样的看法。

学生：
我可以举一个例子，就是有的时候在巫术的施行者和大众来看巫术都是一个正面的例子，比如在云南昭通地区，调查的时间大概是80年代，中国大陆有一批民族学家做过很多田野调查，这个地方就有一种仪式戏剧。在这个仪式里，仪式的施行者，也就是ritual master，他有一个名字叫作"端公"，他在这个群体是非常受尊重的，在整个村庄里他的地位比较高，他非常有reputation（声誉）。当时的其他人也对这个行为非常欢迎，他就被邀请来为我们这个村庄驱魔，或者是祛除这里的疫病，这整个行动也算是巫术的。整个社会对他的认可度很高，施行这个巫术的人非常受到尊重。在这样的现象里就不大会把端公作为控告对象，因为大家都认同他，他的形象是正面的。

田海：
完全同意。你刚才形容的那些我知道，我叫那个作"背景文化"，所以需要背景文化才会有巫术恐惧，但是同样的巫术在某一个情况下可能是好的，另外一个情况下可能会引起恐惧。腐败就是同样（的情况）。腐败是非常普遍的现象，你们就叫作关系、人情。好的，你们就叫做人情。但是从基督教来讲就不行。我原来是基督教徒，现在什么都不相信了，我的价值观还是基督教，慢慢碰到中国人以后，慢慢就变了。我现在有很多天主教的朋友，也有很多共产党的朋友，不是领导，都是基层的，但都是真正的朋友，人情的朋友，他们总是要送礼物，我就非常不舒服，我从来不送礼物，到中国还不会。我应该带很多礼物，送你荷兰的奶酪，还是风车之类的，我真的不会，为什么呢？因为在我原来的基督教价值观里面这是腐败，但我知道在中国人的眼睛里，你们的文化里不是腐败，是非常自然表示人情的一种现象，我分析出来但是我自己不会做，很麻烦。但我做田野调查的时候我就会，因为这些已经很制度化了（systematic），我就去预备，写下来，某个人给多少钱。所以我把人情变成关系，人情是好的，关系可能是不完全好的，但是一个现象。所以你们的人情的文化，在我那里就是腐败，因为在我的文化里，只要是物质而不是心灵的就都是一种腐败。如果根本不相信巫术的话，也不用恐惧，恐惧的前提在某一种角度来看就是相信，所以50年代、60年代很多人恐惧巫术宗教什么的，他们可以发动运动把他们当作反动派，因为他们恐惧，但现在已经不再恐惧了。

学生：

我想当时把他们当成反动派也是有一个很深刻的政治历史原因，就是五四运动以来，而不只是从五六十年代开始，就有一个知识精英对民间信仰的否定，他自己自知为启蒙者，于是就去打击那些民间信仰。

田海：

对，这是一个前提，因为他们否定的文化还在他们体内，就和我对基督教一样。我的父母很崇拜基督教、上帝，虽然我现在不信了，但我从小耳濡目染的那些文化传统仍然在我的身体里，那种东西还在。所以传统上也是这样，启蒙思想开始于16、17世纪，开始也不承认鬼的，但是他们还相信，这个都是一些 witch 的起源。

学生：

我就在想，会不会有一种地区差异。您说的这些确实是存在于一个比较开放的地区，有中心文化的交流碰撞，也有新旧文化的碰撞，在这种冲突里就会有把巫术作为正面或反面的两种看法。但是有可能在一些比较封闭的地区，从未受到外来文化的影响，它整个对巫术是持一种正面的评价。

田海：

这是一个很好的假设(hypothesis)，我告诉你有一个很好的研究，但是你可能没读过，因为是用日语写的，但确实是一个很好的田野调查。我懂日语，但是读得慢一点，和汉语一样慢，我总是先读古代汉语的东西，因为古代汉语比现代日语要容易。他是研究岭南地区的，有 witch 的现象，所以我估计那个假设不对，但是我还没有分析，以后再说。

学生：

这个不完全是假设，它是台湾出过的一个民族曲艺的调查报告，是有很多个案的调查。我的问题就是这样，谢谢大家。

余欣：

我想大家可能还有许多问题，但是田海教授可能已经很累了，因为时间关系，我们是不是先讨论到这里，大家如果有什么问题可以先看田海教授的著作，也可以发 email 向他请教。非常感谢田海教授精彩的报告。

李子建　整理

陈妤姝、梁辰雪　校对

"疯狂"的佛教史:从佛教寺院到精神病院

主讲人:罗柏松(James Robson)
主持人:葛兆光
时　间:2013年10月9日

罗柏松(James Robson)

美国哈佛大学东亚语言与文明系教授,中国宗教研究会会长,研究领域为民间宗教、禅宗史、道教史及宗教地理、艺术,著有《权力之境:中古南岳衡山的宗教景观》(*Power of Place:The Religious Landscape of the Southern Sacred Peak in Medieval China*,Havard,2009),合编《东亚佛教的隐修:对佛寺的考察》(*Buddhist Monasticism in East Asia:Places of Practice*,Routledge,2010),于2010年获法国"儒莲奖"。

葛兆光 | 复旦大学历史系教授,研究领域为中国宗教、思想和文化史。

"疯狂"的佛教史：从佛教寺院到精神病院

葛兆光：

各位同学各位老师，我们今天邀请了哈佛大学的罗柏松教授来给我们做一期复旦文史讲堂。罗柏松教授与我相识多年，我想来这里听罗柏松教授讲演的大概都看了我们的讲座海报上面对罗柏松教授的简单介绍，我也不用多做重复。今天他讲的题目大家会觉得非常（罗柏松：非常奇怪。）非常奇怪，非常有意思。我没有看到他的演讲稿，不过我猜测，现在佛教研究有一些跟过去围绕着佛教史、佛教宗派、佛教人物、佛教经典不太一样的地方。我最近也读过一些书，觉得现在的佛教已经不是我当年研究佛教史的那个时候的那个路数了。最近我看的研究佛教与谱系、地方财政（的关系），也看到有的佛教研究正在关注佛教和战争。前年牛津大学出版了一本佛教战争（的书）（罗柏松：战争，对。），同时也有研究关注佛教和民族主义。那么今天罗柏松教授也给大家介绍的这个是"疯狂的佛教"的历史还是疯狂的"佛教的历史"，目前对于内容我还不太了解。（罗柏松：还是疯狂的学者的观点）还是疯狂的学者的对于佛教历史的理解，我不太清楚。（罗柏松：说不定。）但是我个人理解就是说他肯定跟寺院，跟佛教的寺院有一点关系。（罗柏松：对。）因为我们知道这个佛教的寺院作为一个空间，罗柏松教授不仅有一本专门的书——这就是他的大作,这个《权力空间》或者说《权力之境》这样的一本书,讨论的是南岳衡山。此外他还和其他的学者一起编过一本讲述寺院的隐修这样的一些书,所以我想今天我们再来看他怎么样去解读疯狂的"佛教的历史"还是"疯狂的佛教"历史,我们现在欢迎罗柏松教授。

罗柏松:

好,谢谢。我首先要非常感谢葛教授跟新的院主任杨志刚教授,也非常感谢你们来到这里听这场演讲。因为我不知道今天大家对于这个题目有什么想法和疑问,可能会觉得是比较奇怪的演讲。我个人对这个题目这几年越来越有兴趣,刚开始的时候可能觉得这只会是一篇小小的文章,可是最近几年来已经变成一个比较大的项目。我找到越来越多的新的资料,我今天要讲的是其中的一部分内容。今天的演讲可能是会比较难(理解)一点,因为我要讲一些印度的佛教历史以及中国的一些例子,可是其他的相关资料都是从日本过来,因为我觉得日本的资料是非常明显的。演讲中很多名词都是用日文,尽管我已经翻成中文,可是你们可能会觉得比较难,因为我不知道你们谁是专门研究日本的佛教或者日本的历史。这几年以来,在佛教学术界里面很多人对这个佛教跟医学的课题很有兴趣,可是这并不是一个新的研究方向,100年前有很多学者已经开始研究这个题目。他们对佛教跟医学的关系很有兴趣,但是在他们的研究里面很少提到这个"疯狂"的问题。他们对各种各样的病有兴趣,可是研究疯狂或者癫狂的历史却很少。这个课题跟现在也是有关联的,因为在世界上很多地方在这几年已经有很现代的医生或者新的精神疗法,在美国或者欧洲有很多心理学者会利用一些佛教的概念,并将它们应用到精神疗法里面。我觉得这可以说我们已经有一个新的佛教精神疗法。最后我会提出一些问题,因为我觉得这个方向是很有意思,可是也包括有很多比较严重的问题。

虽然我们的研究者很少提出这个疯狂的问题,但是如果我们看一些最早的佛教经典,你会发现在那些经典里面会对佛与医生进行很多比较,它会说佛是一种医生。在最早的经典里面有一本书叫作《增一阿含经》(Anguttara Nikaya)。因为它是一本梵文的书,首先我会对这部分内容用英文进行解释,那本书提及:The Buddha said:"All monks, there are two kinds of illness."(他说和尚有两种病)"What are these two?"(这两种是什么?)一个是"physical illness",一个是"mental illness",所以一个是你的身体的病,还有一种神经病。他说:"there seems to be people who enjoy freedom from physical illness even for a year or two."有些人他们会避免这种身体的病有一年两年,他们没有问题。可是他说:"all monks, rare in this world are there those who enjoy freedom from mental illness even for one moment, except for those who are free from mental defilement."所以他说我们所有的人,每一个人都有这种神经病。这是他的意见,我们都有这个问题,所以他的意思就是说在我们所有的精神病人中,有的人是比较严重,有的人不是那么严重,可是佛教会帮助你治疗这个神经病,这是我觉得非常有意思的一点。为什么他会这样说,他会觉得我们都有问题? 在佛教的历史里面我们知道很多寺庙,就像葛教授他之前已经提及这个寺庙会作为一个空间,让这些人进去,会帮他们,给他们工作或者进行其他的一些疗法。今天我要看一下中国跟日本的寺庙中的"疯狂"或者说"疯癫",还有它们与这些寺庙之间的关系。

在中国大陆与中国台湾,以及日本都有这样的现象。在韩国的情况我不太清楚,可是我听说也有这个现象。这些寺庙开始的时候是用一些传统疗法来帮助这样的病人,然后到了现代,那些寺庙所在的地方就变成我们现在所能看到的一些精神病院,所以我对这个历史非常感兴趣。今天的演讲我会会着重于一个地方,就是日本的京都郊外的一个叫作岩仓的村落。等一下我会给你们看一张地图,那个地方在京都的北部,并且那个地方也是非常有趣。因为在那边有六个精神病院,都围绕在一个佛教的寺庙的周围。我在刚开始的时候就是研究那个地方,然后我开始产生一种疑问:是不是只有这个地方有这个现象,有着这样一种寺庙和病院之间的关系? 因此,我开始研究其他的地方。我去看了日本最大的精神病院,并且跑来跑去搜集了一些资料。在搜集资料的过程中,我发现每一个现代的病院都在一个佛教寺庙的旁边或者在寺庙的里面,我觉得这个很奇怪,也非常有意思。我们开始的时候提及了岩仓,我对于岩仓那个村落产生兴趣是因为从1990年到1995年我住在那里,每天都会看到有很多有着精神问题的疯狂的人走在我家旁边,我开始思考为什么他们都在外面走来走去,然后我就发现岩仓的精神病院非常多,因此我一直在问我自己:是不是精神病院和佛教的寺庙在历史上有着一定的联系?这样就有了我开始的时候提及的那个问题。

在我的研究过程中,我首先认为要看在佛教的资料里面有没有提出这个疯狂的问题。我发现在很多资料都有涉及。在那些经典里面我们经常看到佛是一个医生的说法。可是,在那些资料里面他们对疯狂有什么定义?佛经中认为疯狂是因为人们的贪欲或者骄傲太甚,因此发疯。我们知道在佛教里面,虽然他们说我们都有问题,我们都是疯狂的,但是佛他觉得我们每一个人是不一样。在佛教历史中他们也开始觉得所有人的病和那个疯狂的病不同,虽然有的人有比较大的问题,可是他们也发现了有一些人有着另外一种比较严重的疯病,所以他们就把那些人放在一边。我个人觉得那些真正疯狂的人是比较有意思,所以会研究他们在佛教中的历史。在佛教医学里面,我们知道最早的寺庙——佛寺内部有和医院很类似的设施,当然也有的会设置在寺庙的外面,这些地方会被用于治疗普通的疾病或者治疗这样的神经病。那时候的这种"疯狂"有着怎样的来源呢?他们认为有的时候是因果报应,也或者有其他的来源。在最早的梵文资料里面对于"疯狂"有两种说法,一个名词叫 unmada(madness,疯狂),unmada 是最严重的神经病,还有一个名词叫 pramada(illusion,幻象),就是普通的脑子有一些问题,就是你的想法有问题。到了大乘佛教我们知道有一些新的神,还有药师佛等等,在相关资料里面我们可以看到一些很有意思的说法,等一下我再讲。首先我将提出一个例子,在《妙法莲华经》里面有这样一个故事,一位父亲有两个儿子生了病,而除他们以外的人也有病,父亲要给他们一种药,可是他的两个儿子却吃不了。如果其他的人都吃这个药病就会好,可是他的两个儿子吃不了这种药,佛认为这两个儿子是有神经病。那么为什么其他所有的人都能够服药,他的两个儿子却无法服药呢？这就是因为有一种不好的气进入了他们的身体,使得他们发疯了。所以在这个经典里面他们觉得这种神经病的起因是有一种有害的(poisonous)气进入了他们的身体。还有另外一个故事是关于一个名叫波它卡那的比丘尼,这个例子也很有意思。在她遁入空门之前,她的丈夫、她的两个孩子以及她的双亲都先后死去,在这种情况下她就发疯了。佛看到她的情况后就说因为你受到很厉害很严重的苦痛(suffering),如果一定要治疗你的疯病,你应该进入一个寺庙成为一个比丘尼修行佛法,那会帮助你恢复,后来波它卡那成为比丘尼修习佛法,最终修成正果。在这个事例里,"疯狂"是在经历了非常痛苦的事件之后才产生的。在其他的资料里面我们也会看到佛的律——这些书里有很多戒律和规定。还有一个也是比较有趣的例子,在一部佛经里面提及一个和尚发疯了,并且他发疯的时候会做很多不好的事情,打破了许多戒律,其他的僧人就斥责他,可是佛说因为他在做那些事情的时候发疯了,所以他的所为并不能说是破戒。佛说他有一种过去的疯狂。因为过去他发疯了,所以他所做的事情并不算破戒,也就不惩戒他。在大乘佛教的经典里面,也有很多故事是关于许多"狂僧"的,这其中的许多僧人做了许多在常人看来非常奇怪的事情,他们会觉得原因是妖魔附身,他们需要通过一种驱邪的仪式进行消除。当然我知道这些故事里面也有很多我们现在所讲的"佯狂",也就是说这些僧人,他们不是真正的发疯了,只是表现出一种疯狂的样子而已,在佛教里这样会体现出他是得道高僧,或者是非常有特点、特色的一个僧人。在东南亚的佛教历史里面我们也能看到非常多的例子,比如在泰国或是在其他的一些国家也都有着类似的情形,今天我不讲这个例子。

　　佛教在进入中国的时候,我们可以在敦煌的文献里发现也有很多资料提出这一类"疯狂"的例子,尤其是医学方面的一些书里面,他们会提出疯病,有很多和这个"疯"相关的疾病,其他的这个病都被归类在一些佛教的书里面。接着我们回到这里,我可以给你看很多的名词都是把"疯"这个字包括在里面。为什么这个"疯"跟"疯狂"有关系呢？因为这个"疯"是一种看不见的东西，它会四处流窜，在医学方面的这些书里面他们认为"疯"会进入你的身体，使你体内的气不稳定，一个人如果碰到这个"疯"的时候，它会让你发疯，或者他们也会跟"癫痫"这种西方的病联系在一起，就是会让你得"癫痫"。因此我们有很多的名词，比如"疯狂"或者"狂妄"或者"疯病"，这些都是和"疯"有关的问题。我曾经读过一本比较有意思的书叫作《治禅病秘要法》，你们可以去读它，这本书中我对最后一部分最感兴趣。这本书的最后有这样的一个故事：有一名修禅的僧人某一天打坐的时候听到了一个很大的声响，惊吓过度，他就发疯了。此后他的老师就告诉他：你看你自己发疯后做出的这些有异常人的事情，别人也看了，这样非常不好。因此这个和尚的师父就给他进行了一个仪式，在他自己的耳部制作了一个障碍（a barrier），使他听不到外在的杂音，以此来治疗他的疯病。因为有这样的障碍设置在他的耳朵里，所以他听不到外界的杂音，这些杂音也因此会绕过他的身体，这个僧人最后又恢复了正常。这是发生在一个寺庙里的故事，因此我们了解到在寺庙中他们会进行一些仪式，作为治疗"疯狂"的疗法。在《大智度论》里面也讲到药师佛的一些治疗方法，如果有兴趣可以去读一下这本书。药师佛的特色就是帮人治疗他们的精神问题，尽管我们平常觉得药师佛是治疗普通的病，可是在其他的资料里面提到他也会帮助狂人，治疗狂病。此外在另外一个经典《药师琉璃光七佛本愿功德经》里指出如果有受盲、聋、喑哑、白癞、癫狂众病所困的人，在心中称颂佛名，由此佛的力量会传达到他身上，所有的病都得以消灭，并最终成道（愿我来世得菩提时，若有众生盲聋喑哑，白癞癫狂，众病所困。若能至心称我名者，由是力故诸根具足，众病消灭，乃至菩提）。在佛教经典里面有许多这样的故事，尽管我个人对这些资料也有兴趣，但是相较之下，我对于佛教的寺庙和精神病院之间的关系的兴趣更大一些，所以现在让我们把经典的故事都抛开，开始提出一些比较具体的例子。

在中国大陆和中国台湾地区，我发现也存在有这种寺庙的周边或者寺庙本身用作精神病院的情况,在这里我会提出两个例子。在浙江省绍兴市有一座寺庙叫作明心书院,寺庙的名字比较具有独特性,现在这所寺庙成为了一所密教的寺庙。我曾经拜访过明心书院,庙里的和尚都说这所寺庙曾经有一段时间被当作过精神病医院,也有一些资料显示说从19世纪开始,这所寺庙就被当作精神病医院。在台湾的高雄附近也有一个比较有意思的地方,这个地方叫龙发堂,在我看来这是一个很奇怪的地方。龙发堂收治精神病人始于创建者释开丰法师,开始的时候是村里头的一位妇人跟释开丰提起她儿子欲拜其为师,释开丰去妇人家发现她的儿子是一名精神病患并且缺乏照料,就决定带其一起修行。由于病患家属告知病人有放火癖,而当时龙发堂的前身仅是一间茅草屋,为了便于管理,释开丰便以一条草绳系在自己与病患之间,不管什么活动都在一起,每天教他道理并从事简单的劳动。一段时间后,病人竟变得非常配合,于是,师傅就把绳子解开,病人也会主动工作并帮忙。后来,他的家人前来探望,惊讶地发现他的改变,于是一传十、十传百,许多家属带着病人前来,要求师父收容这些病患,基于宗教上的怜悯之情,释开丰就收容了这些病患。1975年前后,龙发堂内有1000多人居住。作为一个寺庙,龙发堂这样的情况是比较奇怪的。台湾方面也觉得它不是一个真正的寺庙——病人和僧人在庙内居住,庙内还饲养了很多动物作为病患的食物,所以政府就觉得这个不好,决定要龙发堂关门,可是由于大量病人和家属的反对,龙发堂并没有被关闭。如果有一个家庭带家中的精神病患到龙发堂请求收留,患者需要剃头,并且穿一些佛教的衣服,他们每天的生活和和尚或者尼姑一样,庙内收容的病患既有男性也有女性。一直到1990年左右,寺庙的规模变得非常大,有一段时间庙内有2000多人居住,所以我觉得这段历史也是非常非常有意思。如果要研究佛教和寺庙、和精神病医院的历史,在中国进行研究是不太容易的,中国的历史书中都不直接讲述这样的一种历史,可是在日本,相关的文献资料非常丰富,也比较容易开展研究,所以我今天着重要讲的是日本的情况。

在日本,寺庙与精神病院的历史也是比较悠久的,一直到1900年日本开始有一些新的政策，其中一个是精神病者监护法（Mental Patients Custody Act），随后他们又在1919年颁布了精神病院法（Mental Hospital Act），并在1950年颁布了精神保健福祉法（Mental Hygiene Act）。这三个政策把以前寺庙跟医院之间的历史破坏了，因为这三个政策中都提及要修建西方型的医院。日本在参考西方的医院的模式之后，出于要现代化的考虑，就模仿西方的医院的模式修建西方型的医院。在此基础上，法令要求所有的精神病人都要住在精神病院里面，而不可以在其他地方居住。1961年至1966年美国的驻日大使（Ambassador）是埃德温·赖肖尔（Edwin Reischauer），现在在哈佛我们的日本中心叫赖肖尔中心（Reischauer Center）。在1964年有一个日本青年用刀袭击了他，他的大腿被刺伤后，手术时因为输血感染了肝炎。当时日本所有的新闻都对这次事件进行了详细的报道，然后他们就发现那个袭击赖肖尔的青年患有精神疾病，也因为这样日本的精神病患管理政策也变得越来越严格。这些是20世纪的历史，然而第二次世界大战以前的历史已经越来越不为人所知。去年我在日本参加了一个由日本组织召开的精神医学史学会，那期间我碰到很多研究精神医学方面的学者，我跟他们进行了一些交流和探讨，尽管他们不知道精神病医院与佛教之间的关系，可是他们对很多精神病医院的历史已经做了非常多研究。在那时候我收集到了非常多有趣的资料，这些资料对于我的研究有很大帮助。

　　在日本的传统治疗方法中，关于"疯狂"的历史也与中国的情况差不多一样，他们首先觉得"疯狂"是一个人受到妖魔附身，最普通的看法是认为有狐狸或者浣熊作祟，所以在日本的宗教中，无论是佛教还是神道教中都有非常多的辟邪仪式，在神社中他们也有一些治疗精神病患的方法。到了德川幕府时期，也就是德川（Tokugawa）时代——这个时代从17世纪德川幕府建立到19世纪大政奉还为止，那时的家庭是一个非常重要的研究对象，如果一家人中有人发疯的话，他们是可以住在家里进行治疗的，但是17世纪的时候他们需要在家里做一个牢房来控制家中的病患，当时的警官会经常拜访住有精神病患的人家来指导他们应该怎么做，当时还有一些寺庙会在庙里建一些笼子(cage)将那些"疯狂"的人关在里面。寺庙会通过一些独特疗法对病患进行治疗,有些佛教的寺庙会利用诵经,其中以"日莲宗"(Nichiren)为典型代表。日莲宗的疗法是进行诵经,他们会让病患长时间进入一个温泉,有的情况下可能一天要呆5至6个小时。此外还有一些寺庙会让病患在一个瀑布下面诵经,这种仪式在日本被叫作"禊"(Misogi),是一种净化的仪式。这种仪式中所提到的瀑布的水通常很冷,所以有的人觉得是这是一种在我们西方传统上称作休克疗法(Shock Therapy)的治疗方式。休克疗法以前在我们西方的传统疗法中也是非常普遍的。我通过查阅日本的历史文献后发现,在某些深山神社或者其他的地方,都有治疗发疯病患的情况,这使得和"疯狂"相关的历史变得比较明显。尤其是在福冈县附近(Fukuoka Ken)的宝满山,在这座山下曾经修建了一座寺庙,有很多和尚都住在那边,可是到了16世纪,那个寺庙已经破败了,最后被关闭并拆掉了,现在只有一些石头制成的佛像仍然放在那边。以前宝满山里有很多"修验道"(Syugendo)的和尚在山中修行,修验道和尚的特色就是治疗"疯狂"这种疾病。有一种在现在看来我觉得是非常有意思的情况:在宝满山的北部有一个医院,在它的南部太宰府的南边也有一个医院。他们将两座精神病院放了山的北部跟南部,一个是"筑紫保养院",现在叫作太宰府医疗中心,另外一所医院是"河野病院",位于山的南部。你可以访问这些病院的网站,网站上写有精神病院的历史,可是并没有叙述医院和佛教的关系。尽管如此,与修验道以及精神病的疗法相关的地方还有许多。例如英彦山(Hiko San)以及求菩提山(Kubote San),山的旁边也有两个精神病院。在东京附近的中山法华经寺也是一个比较有意思的地方。我当时到了法华经寺附近的火车站,在火车站就已经可以看到述及这座寺庙与附近医院的关系的一些广告。当时我看到他们有"中山病院"的广告,我想现在那些广告应该仍然在那边。法华经寺是属于日莲宗的一座比较有名的寺庙,如果你去参观,会发现它和那些普通的寺庙一样,非常漂亮,可是如果走到寺庙的后面会发现有一条比较小的路,从这里上去就是前面提及的中山病院。这座医院也是一座专门治疗精神疾病的病院。在中山法华经寺中,有学者发现在建筑的墙上还保存着一些旧的枷锁,过去他们会将发疯或者说精神病人绑在墙上的枷锁上。如果从现在看来,这一带分为寺庙和现在位于寺庙后面经过小路可以到达的医院两个部分,不过两者在历史上都属于这座寺庙的建筑空间。在其他地方也有一些精神治疗相关的事物,在东京附近的一些寺庙也有瀑布疗法,对此我非常有兴趣。在寺庙里头有一些与之相关的有特色的人,资料里的这些人是非常不容易研究的。在日文里他们叫"御力"(Goriki),意思是强力的人,他们好像是在寺庙里专门负责按着疯狂的人并把他们带到瀑布,我觉得这些被称作"御力"的人非常有意思,他们非常矮也很壮,我不知道他们在寺庙里的地位是什么样的,可是在资料里我经常遇到这个名词和这样的人。这是在千叶县(Chiba Ken),也就是东京附近。这篇报告写的就是关于这种人的历史,因为那名作者在文章中说这个地方的疗法是非常有效,可是也对患者不太友好,所以出版这个报告的时候,日本对于精神病及治疗的政策好像已经开始改变。我有一次也去访问了东京的最大的精神病院,叫作"松泽病院"(Matsuzawa Byouin)。我听说在那个医院里面有一个小型的博物馆,或者可以说是一个史料馆,他们在里面保存了很多过去的资料和实物,我认为这对于我的研究很有意义。可是当我到了那边,那里负责的主任说史料馆已经关闭不开放了。我便告诉了他我研究的题目,随后他同意将史料馆开放给我参观,我们才得以入内。从资料馆中的资料可以发现,过去的精神病治疗所就像监狱一样。在这座资料馆中可以发现,他们保留了一些当时寺庙中用于关精神病人的笼子,这些笼子都是从寺庙中转移过来的。此外,资料馆里还保留有一些其他的东西,其中我认为最有意思的是当时一些精神病人制作的佛像以及抄写的佛经。对于资料馆关闭的原因我并不是非常了解,我也不知道他们之后会将资料馆内的这些资料放在何处保存,可是我个人认为这些都是非常宝贵的史料,我也跟负责人提出他们应该重新开放这个资料馆。"松泽病院"位于一条火车线路旁边,如果进行相关调查的话,你会发现几乎每一所新式精神病医院都位于火车站的附近,所以现代化的时候，医院与火车站广告之间的关系也比较重要。从东京沿着火车线路可以一直到达东京外面一个比较有名的地方——高尾山（Takao San），这个地方也是很有意思的。夏天的时候这个地方比较凉爽舒适，所以现在很多人跑去那里爬山，我也曾经去过。尽管很多人都去高尾山登山，可是他们不知道那里有一个如果走大路便不会经过的景点，通过一条比较小的路你会发现山里有一个叫作琵琶（Biwa）瀑布的地方，在这个瀑布的旁边也有两所医院，而且都是精神病院。过去这个瀑布也是一个修行的道场，当时他们都认为这个瀑布的水能够治疗精神病。我在日本的时候看到一些资料，发现这张阿波井神社的照片非常有意思，这是一个神道的神社，有很多人都穿着白色的衣服在海水里洗澡，可是我当时不知道那个地方确切在哪里，只知道一个大概的方位，但是在地图上却找不到，所以我开始在日本旅行并寻找这张照片的拍摄地点。有一天我在乘坐巴士后步行发现了照片里的地方，但是这个地方在海对面的岸边，我没有办法直接过去，于是我找了一个当地人用他的船带我过去。这是另外的一些照片，我也发现在神道教中他们也会通过神道的一种仪式给精神病人进行治疗，在当地人带我到那个神社的时候，我发现那里已经关闭了，所有的东西都很破败，我觉得这是非常可惜的。那里已经没有人居住并且也不再使用了，可是很明显是和照片一样的地方。我发现另外一名日本的学者在他的研究中有所提及，通过他的研究我知道这所神社最初有 50 张床位，给那些精神病人居住使用，然后变成 170 张，最多的时候有 320 多人都住在那里。这就是那个神社，我买的照片都是左边的景象，医院也在左边，可是现在都看不见了。在渡海的时候，我问过那个当地人这个大的建筑是什么，他说这是 seagull 精神病医院（シーガル病院），所以这也是一个例子。传统的治疗精神病的地方到了现代，就变成一个现代的医院，所以我觉得这个也非常有趣，现在那边就是这样，你可以看到这是一个非常大的医院。

如果你去了日本的京都，会发现那边有一些比较有名的佛教寺庙，这些寺庙无论是建筑还是环境都非常美丽。最近我也发现京都最有名的一些佛教寺庙也曾经在一段时间内被当作精神病院。比如说青莲院（Syourenin）就是其中一个例子，我起初听说过青莲院可能会与精神病有关系，但当我去了那座寺庙的时候，却发现找不到与精神病相关的资料，因此有些困惑。就在出寺门的时候我发现有一个小小的石刻，我询问寺庙的工作人员这个石刻有什么意义，经过工作人员的介绍，得知石刻上的内容揭示青莲寺从19世纪开始有一段时间被当作医院使用。在京都市内，南禅寺可能是最有名的一间寺院，现在似乎每一个游客去京都旅行的时候都会去南禅寺，现在南禅寺最有名的就是寺内的花园，园内的景色非常漂亮。在明治时代（1868—1912），这里也是被当作医院，并且我发现当时南禅寺是日本的最早的公共（public）的精神病医院。此外，有的寺庙里也建造了一些笼子用于安置精神病患，也有的寺庙比较正式地将精神病人收容在里面，其中最明显的就是我之前在讲座开始时提到的，1990年时我曾经居住的地方——岩仓（Iwakura）。以现在京都市的中心为参照，岩仓位于京都市的北部。从京都到岩仓后，你会发现在岩仓有一个比较大的寺庙，就是实相院（Jissouin）。过去那里也有另外一所被称作大云寺的寺庙，大云寺和实相院是非常有名的寺庙，它们在天台宗里面也有着比较重要的地位。从地图上可以看出，实相院在这边，而大云寺以前则是在这里，同时从地图上明显可以看出，在它旁边有着5所医院。我刚才也提到过，我居住的那间小小的公寓，每天精神病院的病患都会从我家门前的小路上经过，那附近也有一条景色美丽的山路，因此他们经常在山坡上行走或工作。实相院的历史也非常悠久，寺庙的建筑也很漂亮，寺院里庭院的景色也很美。之前说到的大云寺，现在的规模相较过去是比较小的，也没有多少人去参观，这是因为日本的黑帮（Yakuza），换言之是mob，是这座寺院的实际拥有者，以前寺院的主人将大云寺卖给了黑帮。大云寺现在是一个非常小的地方，但是在历史上它其实是一所非常重要的寺庙，很可惜它现在的规模很小。过去寺庙的主人将寺庙卖给黑帮后，里面的佛像也都还在里面。这里的寺庙跟医院的关系是什么样的呢？在寺庙的周围有着"洛阳病院"、"岩仓病院"这些规模很大的医院。这是明治时代的一张照片。村上春树(Murakami Haruki)是一位非常有名的日本作家,在他《挪威的森林》这部小说里,他表示京都北部的山和精神病人有着密切的关系,所以有的人认为村上在写这本书的时候,就是用岩仓的历史来作为他小说故事的相关背景。我不知道这是不是真的,我也没有机会去问他岩仓是不是他小说中所描述的地方。此外还有一位名叫 Roger Pulvers 的作家,他写过一部小说叫作 On the Edge Of Kyoto。在我看来,他在这部小说里所讲的故事是非常奇怪的,他写的是在一间医院里,有一群人在某一天晚上要开一个晚会,他们总共有五人,其中有一个是一名大学的教授,有一个是一个比较有名的证人,此外还有其他的人。医院的医生很快就出现在主人公身边,问他你为什么会在医院里面。那个人就说我要在这里开一个晚会,医生就说你怎么会不知道你实际上是在一间医院里呢。我在读了这本小说后非常地同情这个主人公。当我住在岩仓的时候,经常会有精神病人来敲我家的门,并且来跟我聊天,而我也会请他们喝茶。我知道在这个地方,普通的居民跟精神病人经常有这样的交流。如果今天你去实相院,你会发现他们有历史非常久的镰仓(Kamakura)石佛,此外还有一个比较有名的观音菩萨像。在一些历史或者故事中,也有着关于观音菩萨在有人来到他面前祈愿时显灵并且治疗他们精神病的故事。其中一个例子是 11 世纪的时候,非常有名的日本天皇后三条天皇,他的女儿发疯了,他就带他的女儿到了当时的岩仓,他的女儿在观音菩萨面前饮用了泉水后很快就痊愈了,所以这个地方也越来越有名了。这个故事就发生在大云寺。大云寺里出售过去的大云寺的地图,如果你去那边参观,就会发现在寺庙的西边有一道名叫不动瀑布或妙见瀑布的瀑布,在瀑布的附近有许多的小房子,它们被称作 "籠りや"(Komoriya),是一种笼子,或者说 cage。现在这道瀑布在 "北山病院" 的境内,"北山病院" 就在大云寺的西边。现在这些地方患者的家属还会请佛教的僧人去为患者主持一些仪式。在过去,大云寺和日本非常有名的《源氏物语》(Genji Monogatari)这本书中所讲述的历史也有所关联。书中提到源氏曾经患有精神病,他到岩仓的大云寺饮用了这里的水,很快就痊愈了,因此现在大云寺里的一些牌子上也会讲到这个故事。在网上可以找到这个不动瀑布的照片,可以看到它在过去和现在的样子以及周边环境的变化。由于这个地方的名气越来越大,在寺庙附近居住的人或者家人开始让病患住在自己的家中,也有的病人家属将病患带到岩仓,并在这里长住,因此这里也逐渐产生一些被叫作"保养所"的设施。这些保养所的规模也逐渐扩大,有时甚至有几百人居住其中。在实相院的周边有一些保养所,其中一所规模非常大,并且为了管理而建了很高的围墙,这样病人就不会跑出去。在岩仓还有一所保存至今的保养所叫作"今井保养所",其他的保养所现在都变成了普通的民居。也有一些资料室收藏有保养所的居住者在明治时期拍摄的照片。1944年在岩仓的火车站也有精神病与保养所相关的广告。1912年,有一名美国医生到岩仓访问,当他看到保养所的情况时,认为日本的精神医疗的情况非常良好,并且觉得日本的精神病院并不像西方的精神病院那样严格,在岩仓的精神病人是有行动自由的,他们会在医院外散步或者在村里工作,因此他写了一篇报告比较西方与日本的精神病院,在报告中他也添加了在实相院所拍摄的照片,并且提到实相院是一个景色美丽的地方。但是事实上我们知道日本精神病院的情况并非如这篇报告所说的那样良好,因为在寺里也有资料,特别在实相院中仍有当时用来击打精神病人的棍棒和限制他们行动的枷锁,就我个人认为这些枷锁和棍棒可能是针对有暴力倾向的精神病人的,寺庙的僧人可能是考虑到如果不对这样的病人进行限制和防范,可能会造成更加严重的问题。

福柯在他的《疯癫与文明》一书"愚人船"一章中提到,在法国的圣马蒂兰·德·拉尔尚、圣希尔德维尔·德·古奈、贝桑松和比利时的吉尔放有许多载着精神病人的狂人船,将精神病人载到圣地让他们饮用圣地的水来治疗疯病。如果现在福柯还在世的话,他看到岩仓这个地方会觉得很有意思,因为在这里宗教与治疗精神疾病的关系跟他书中所描述的例子非常类似。也有日本学者到欧洲的时候访问比利时的吉尔,在两相比较之下,他们认为岩仓就是日本的吉尔。吉尔精神病院起源于爱尔兰公主狄福娜的传说。狄福娜公主在6世纪时来到吉尔,她对于自己并非男儿身而感到失望。她的父亲爱尔兰国王将她和她的母亲交给让他们笃信基督的牧师照顾。在狄福娜的母亲死后,国王非常悲伤,他想要续弦一位和狄福娜的母亲长相一样的女性。国王的谏官觉得只有国王自己的女儿能够满足国王的标准。当狄福娜的父亲想要娶她为妻的时候,狄福娜的内心充满恐惧,她和她的牧师逃到了吉尔。爱尔兰国王最终找到狄福娜和牧师,并且将两个人都砍了头。有一些消息传说有的精神病人看到这恐怖的场景后瞬间恢复了正常。象征着对于邪恶精神的抵抗,狄福娜成为了精神病人的保护神,她死去的地方也被视为是一个具有神奇治愈功效的地方。有传言说圣狄福娜旅店和教堂就建在这里,并且成了一个朝圣地。后来圣狄福娜教堂开始让精神病人住在教堂的后面,此后逐渐变成了吉尔精神病院。日本的学者将吉尔跟岩仓进行比较的原因在于,吉尔的精神病人虽然住在医院里,但又拥有人身自由,能够在村子里自由行动。当时的精神病学者觉得这是一种很好的疗法,但是随着现代化进程发展出的新式精神病疗法却一反过去的模式,转而将病人集中于精神病院中控制人身自由。日本的精神病治疗历史在我看来是非常可惜的,他们过去已经有了类似吉尔的岩仓模式,但是随着现代化的进程,他们抛弃了过去的模式而学习西方开始修建大规模的精神病院。尽管有的学者认为过去历史上的治疗方法是非常优秀的,可是他们却已经无法回到过去的模式了。我认为在日本精神病医学的历史上,佛教的寺院跟精神病院有着非常密切的联系,可是这种联系却由于之前提及的1900年以来的几项精神病相关的法令而变得越来越不为人所知了。1900年以来,日本精神病人相关的法令颁布以后,岩仓已经不会再让精神病人住在村民自己的家中,所以这一类的历史也算是结束了,但是我觉得现在如果我们能够挖掘出一些寺庙与精神病之间的历史,可能能够开发出一个新的了解佛教医学的研究方向。

关于佛教和精神医学疗法之间的关系,我准备讲一下现在西方将佛教里禅定的修法来当作一种新的精神病治疗方法。在现在的西方,尤其是美国,这被当作是一个非常有名的新疗法,每个月报纸上都会有相关的报道,指出佛教的打坐会有改善身体状况的效果,也提到如果有精神问题的话,打坐也会有所帮助。尽管如此,我发现他们对于佛教和打坐鲜有研究,他们并不知道佛教打坐的历史是什么样的。我最近也做一些关于美国的佛教和打坐的研究。佛教在美国有一个主要的组织形式叫作佛教中心,美国人并不愿意出家,可是他们希望能够通过打坐来改善自身的状况。我发现很多美国人之所以去佛教中心打坐,主要的原因就是他们认为通过打坐能够治疗自己肉体或者精神的问题,但是也有很多情况是打坐者在经过长时间的打坐后却产生了不少精神问题,有人发疯了最后又跑到医院去进行治疗,这种情况似乎非常普遍,但是美国的报纸上却并不会对此进行负面方面的报道。在美国人们希望佛教都是具有益处而没有坏处的,可是在我看来,如果让一个没有经验的人进行长时间的打坐非常容易产生精神上的一些新问题。由于有这种情况的发生,现在在某些佛教中心进行独自打坐或是修禅之前,会让参加者去寻求医生的评估和鉴定,确认自己不会发生精神上的问题。这个事例表明,美国佛教中心越来越多地遇到了这样的问题。今天我就讲到这里,对不起,可能内容讲得有点太多了。

提问与回答

葛兆光:

我讲两句,然后就请大家提问。我刚才听了罗柏松教授讲的这些内容,让我想起以前的风水之学有一句话叫"三到":心到、目到、足到,也就是心要到,眼睛要到,脚还要到。罗柏松教授讲的这个内容中的许多地方我都去过,岩仓我去过好几次,南禅寺、青莲院我也都去过,但是我却从来就没想过这些问题。今天罗柏松教授给我们讲的是佛教寺院和精神病院,以及佛教对于人心灵的治疗和现代医学对精神病的治疗之间的一个很复杂的关系。他提出来的很多问题涉及到一些现代精神病学和传统佛教的心灵灵修的一些关系,也涉及到过去的宗教信仰的场所——寺庙和现代科学的场所——

医院,它们之间有没有一些能够互相沟通、互相转化的这样的一些问题,这个对于佛教史来说是一个可以再继续探讨的一个很大的问题。我们还有一些时间,大家如果有什么问题可以向罗柏松教授请教。

学生:

你好,罗教授。今天听了您关于精神病与佛教的关系的演讲之后我自己想到了几点,但是不知道我的臆测是否正确,想要请您点评一下。我觉得之所以精神病院与佛教有关系,首先要从历史背景来看,在西方药物治疗和化学治疗之前,人们对于精神上的疾病(illness)由于没有确切的化学药剂进行治疗,通常都是使用心理疗法。在这个背景之下,佛教和精神病院的相同之处是不是有以下几点:第一就是佛教的理念,佛教要求人要沉思,就是要人冷静(calm down);第二条就是佛教和精神病院的选址在一起,是否因为佛教中的所有寺庙设立的地方都比较偏僻,精神病院由于病人对于环境的要求也正好是远离人世,两者很多是在深山或者自然风光较好的地方,在地理上比较重合;第三点是普通人对于佛教理念的影响。中国的历史上常常有一些较大的事件,比如说有比较大的灾难或痛苦(suffering),由于对这样的事件人们无法去改变同时又无法去接受,这种时候很多有思想的人、文人他们会选择遁入空门。所以我想是不是因为在某种程度上由于以上三种原因造成了某种巧合。谢谢。

罗柏松:

对。我觉得第二点和第三点可以连在一起。因为佛教的寺庙空间在历史上会欢迎社会上居无定所的人和孤儿到寺庙内居住,如果精神病人没有人看护的话,寺庙也会对他们承担起一定的责任,在寺内为他们分配居住地和食物,同时在寺里也会给病人一些力所能及的工作。在日本过去有一种说法就是"非人",也就是不是人的意思。非人与精神病人都居住在寺庙里,我个人觉得这有好处也有坏处。关于精神病这个名词,对于有精神疾病或者给政府带来许多问题的人,他们会被定义为精神病,并被放在偏僻的寺庙里。就我所知,日本天皇的长子会继承天皇的权力,而为了避免由于皇位的继承而产生争端,会让天皇的次子和三子前往岩仓的寺庙。由于天皇以京都为都城,所以过去会让他们住在实相院中。我知道这相关的历史是非常复杂的。另外关于第一条,就是佛教会要求人冷静这一点,我觉得也是一个比较重要的问题。因为在传统疗法里,如果觉得精神病是由于妖魔附身而产生的问题,那么通常这一类问题会被归属于宗教方面而不是在医学方面。现在对于这类疾病的疗法则一直在科学的方面,通常会在医院里进行治疗,这是由于我们知道精神病的来源是什么。在传统文化里面,精神病是作为一个宗教的问题来处理的,所以会在寺庙或者道观里有各种各样的仪式或者治疗方法,这在过去是非常普遍的。我觉得在过去宗教和科学的界限并非像现在这样明确,而是着重于宗教这一方面。这是我个人的看法。

学生：

罗老师、葛老师好。我是复旦大学经济学院大四的一名学生。我个人对佛教比较感兴趣,我有问题希望罗老师能够回答一下,在唐代有像寒山、拾得这样的和尚,而在宋也有像济公一样的和尚,他们这种"狂僧"对于佛教的传播有着什么样的影响？特别是在媒介方面,比如戏剧等等？

罗柏松：

在唐代的时候有很多和尚像寒山、拾得一样扮作疯狂的样子,这一类僧人我认为大多数是一种"佯狂",也就是假装疯狂,装作是疯子的样子。为什么呢？有一种说法是对于这些和尚来说,他们认为对于这个疯狂世界的最为理智的回应就是装疯。也就是说如果这是一个疯狂的社会的话,你自己最好是"佯狂"。关于这种狂僧对于佛教传播的影响方面,我觉得在娱乐方面确实有一定的影响,由于有这些"佯狂"的僧人,许多有趣的关于"佯狂"的故事被创作出来。我觉得"佯狂"在佛教中也是一个非常重要的主题,宋元时期戏剧发展很快,也是当时的一个重要的课题,当然"佯狂"在日本的能剧中也是一个非常重要的主题。我觉得分辨真正的"疯狂"和"佯狂"之间的差异是非常重要的,这两者是完全不同的事物。有的人确实患有真正的疾病,而另外一些人则是一种"佯狂",甚至可以说是一种表演,当然也许这种表演也是为了指出我们所生活的世界到底是有多么的疯狂吧。这确实也体现出这样一种可能性。在佛陀的经典中也试图告诉我们一个真正的开明有识的大师就像是一个狂僧一样。

孙英刚:

我先接他这个说两句,然后再说自己的。其实如果你去读僧传的话,会发现在僧传里面有一类僧人,就是所谓的"异僧"。他们的行为举止或者说言行确实跟我们通常的规范不一样,这是僧传里塑造的一类高僧的形象,他们的疯狂正好是他们的优点。这种情况和基督教僧传里的情况是一样的,这也正好符合现代的精神病的这个定义。所谓的这些疯了的人或者说精神病人,他们自己有自己的逻辑。他们不认为自己是疯的,就像这些高僧一样,他们的言行举止,他们认为是高于平常人理解的程度。平常人没法理解他的言行,所以他们就从"异僧"变成了高僧,这一类是一种情况,我想这可以解释这个同学的看法。实际上罗教授的讲演对我本人来讲在方法论上是很有启发的,我主要研究的是中古时段,其实我们如果用这样的一种角度重新看中古时代的很多现象的话是很有启发的。实际当时很多的事件和人物,其实都是都可以用现代医学的这个精神病来形容。政治上不讲,我们讲日常生活上的例子,比如说在中古时代有大量的史料记载有些人会有恐慌,这实际上就是一种被迫害妄想症,他们会觉得是受到了鬼或者是受到了妖怪或者是欠债想象出来的影响,那么他们要躲到那个寺院里去。寺院在这里它确实起到了一种也就是罗教授提到的"净化"(purification)的作用。当然这个寺院本身被认为是一个神圣的空间,它本身具有神圣的力量,那么这些世俗的人或者物在放进去之后,它会得到转化。我认为寺院是中古时代日常生活非常重要的一个因素，古人的很多东西就是通过寺院来重新调整它们在社会里面的角色。比如说死了人的衣服，这看起来是很忌讳的，不能重新使用，但是通过捐献到寺院里，它变成佛的东西之后，它就可以通过寺院布施出来，然后重新加以利用。这也包括住宅，如果是重要的政治人物，他不想平常人居住他的房子，他可以给这个寺院。甚至包括女人，也有这样的例子，皇帝的嫔妃也可以赶到寺院去做尼姑，但是这些实际上在原理上都是一样的，也就是之前所讲到这个净化（purification）的作用。寺院的"净化"作用也涉及到精神病的原理，就是说到底这个精神病——当然在古代没有这个概念，就是古人认为这个疯癫是怎么形成的，当然佛教对此也有自己的解释。有一类是认为有这个邪恶（evil）的东西，或者是其他的一些东西所产生的。对于这类东西的处理正好也是佛教的功能所在，它可以起到一个净化的作用，把那些不好的东西或者说有害的东西去掉。此外，我想佛教除了净化的功能之外，还有一个就是起到保护的功能。东西从世俗空间换到了寺庙这样一个神圣的空间，那么就可以跟那个世俗的区分开来，佛教可以起到一个保护（protection）的作用，所以在那个时候看到很多人会躲到寺院里去。往往在中古时期有很多人，他们已经是病入膏肓的时候，最后的一个治疗的方法就是把他抬到寺院去，以此作为一种最后的尝试。寺院不仅仅是把疯的人变成正常人，它甚至能够把死人变成活人，这个我想佛教里应该有很多的记载。我们可以看沮渠京声翻译的《禅要秘密治病经》，这个经是他最主要的贡献之一，有人说是在河西翻译的，也有人说是在南朝翻译的，现在也有争议。其实在像他翻译这样的经书中，有关佛教的跟疯癫有关的记录还是很多的，也就是说在经典里面这种记录很多，但是我看他们的那些治疗方法也都是比较简单的。有的是用吃的东西，比如说《禅要经》里面讲就是吃些树叶，还有食用三勒浆，其实这个东西在唐代是非常流行的一种通俗饮料，跟佛教有关，但是治疗疯病似乎实际上还是佛教本身的力量，我感觉跟佛教提供的药物关系不大。我认为还是依靠佛教本身的强大的驱除力量和保护力量就可以把这个疯癫的人转换到正常的状态，这是我所理解的感想。另外有一些关于佛教和这个现代医学的关系,我的观点可能略显保守,所以可能不太一样。我想精神病到现在还没有很好的治疗方法,即使现代医学可能也无能为力。那么佛教的这个精神的治疗法和现代医学的这个治疗法孰优孰劣就很难讲,或者说两者是不是可以并存并容。当然我知道在美国有非常多谋利的佛教中心,那么在中国正好相反,在中国佛教处于几乎要消亡的这个境地。我想对中国来讲,佛教在比如说慈善,或者精神安慰的这个方面发挥一些作用,对于这种发挥这种作用的佛教,我们可能还要进行表扬,而不应该出现打击的情况。这是我的一些看法。

罗柏松:

好,谢谢孙教授。对于你开始时所讲的方法论方面的内容,我觉得是非常有意思的,可是其实我的研究是为了让我们去关注一些已经忘掉了的佛教的历史,也就是寺庙和精神病的关系。另外一方面,如果说要反映福柯的那个理论,我觉得福柯的结论是不正确的。因为福柯的结论在亚洲,特别是在日本和中国,和欧洲相比是完全不一样的。我们都知道福柯的历史不是他的优点,或者说是他的缺点,但是他的方法论还是非常有意思的。在欧洲历史学者的研究课题中,宗教和过去精神病院的历史可以说是一个比较流行的(popular)课题,很多学者都对这个课题很有兴趣,可是在东方——在日本或者中国,这个研究却很少,所以我觉得我们需要去写这个历史。我们可以和欧洲的基督教或者伊斯兰教的精神历史进行一个对照,这也是非常有意思的,通过对这一类历史的关注我们可以和他们进行一些交流。

学生:

我有一些小问题,是关于您刚刚所讲的精神病与宗教和佛教的一些联系。我发现您引用的大部分例子都是在日本发现的一些证据或史料,那么我想问为什么中国佛教与精神病之间的联系没有像在日本两者之间的联系那么密切?这里我说的精神病并不是像寒山拾得那样的高僧,我所说的精神病就是指在发病时无法自控或者有暴力行为的那些人。此外，根据我自己的观察，在现在中国的一些地区，人们在自己的家人患有精神病的情况下，即使他们的经济条件足够支持，他们也不会将他们送到精神病院去，而是留在自己的家中。我想会不会中国过去的这样一种传统性很强的家庭观念会让病人家属宁愿将亲人留在家中自己照顾，也不会把他们送到寺庙去？这种观念是否会有这样的影响？

罗柏松：

对。我现在几乎每天都会问我自己这个问题，因为我觉得从日本的资料上看来，情况和中国的资料上所说的是完全不一样的。在日本他们很容易就能够提出精神病相关的问题，他们会记录一家人和精神病之间有着怎样密切的联系，可是在中国的资料中，特别是近现代的资料里这种情况是很少见的。古代的东西是较为容易研究的，之前孙教授也提出了很多例子，从唐朝一直到宋元这段时间里的情况是比较容易研究的，但是从清或民国开始一直到现在精神病相关的历史研究却是非常不容易。这其中有一个原因是这一段时期的史料中，在描述与精神病相关的情况时，他们不会用"疯"或者"疯狂"这一类的名词，而是去试图用一种隐晦的手法来讲述，比如他们不会直接说这个人有精神病，你需要全篇阅读这段材料或者故事才能够发现这是一个与精神病相关的资料。为什么日本和中国的情况有这样的差异，我还不知道，但是我觉得这也是文化比较研究中一个很有趣味的问题。对于这个问题，我现在还没有一个结论，现在我就是一个人做一些研究来反映我个人的一些经验。当然这个问题我个人认为是非常有意思的。

学生：

老师您好。在您的讲座中提到关于疯狂和佛教之间的关系，我觉得在基督教中也有类似的情况。据我所知，在基督教中有时将疯狂和上帝联系在一起，这实际上在西方文化中是一种非常有趣的理解疯狂的方式。我想佛教对疯狂的定义和基督教对疯狂的定义非常相似。在基督教教义中疯狂不一定是坏的,很多理智的人的行为表现得非常疯狂,而且我觉得他们也不是在装疯。因为在基督教的教义中有超脱现实世界这一条,这些人通常被认为是理智的,但是显然他们是疯的。也许实际上基督教的教义只对基督徒有效,因为这实际上激励人们去变得疯狂。我对这一观点并不是很同意,但是事实上在中世纪时的很多修道院中生活着很多这样的人。那么佛教的情况又是怎样的呢?是不是确实有必要因为他们疯了治疗这些人,还是应该不对他们采取治疗?因为老师您在讲座中也提到这些佛教的寺庙会对这些人有所帮助,并且也许这一类人更适应在寺庙内的生活?这是我的一些看法,希望老师能够解答。

罗柏松:

这个问题很好,因为实际上这也回到了我们之前有讨论过的问题。我认为"疯狂"有两面性,它有着积极的一面也有着消极的一面。积极的一面体现在它是一种宗教启发,而消极的一面则在于它是作为一种会导致暴力行为和极为严重后果的疾病并且需要被用另一种方式对待。它既可能是一种宗教启发,也有可能是一种医学上的问题。事实上你所提出的和基督教之间的联系我觉得是一个很好的例子。我会在自己将要写的一本书中创作关于佛陀的一章,而我会将这一章命名为"佛陀是一个疯子"。这是由于当你阅读佛陀传记的时候,你会发现对于佛陀的描述就像是在描述一个街上的疯子。如果你读了这些传记,你会觉得自己不知道这到底是佛陀还是一个疯子。在这些传记中,佛陀会有模仿狗的行为、睡在大街上、吃剩饭以及各种各样的疯狂行为,他甚至会像个疯子一样撕自己的皮肤,但是在这种情况下是积极的有宗教启示的一面。我一直试图去理清的关于疯狂的两面性,或者说两种可能性,其一是疾病或者说是一种精神问题,其二则是积极的宗教启示。在今天的讲演里,我则想要只讲述精神病与寺庙之间的关系,因为这些内容的历史与如何治疗"疯狂"病理性的一面相关,也就是我之前所说的负面的那一方面。我之所以要将内容限制在这里，主要是因为这种关联性体现了从过去运用圣水圣餐的修道院式的传统疗法，在伴随着文明的发展而进入现代时，转变成了现代性以及医药的这种变革。我觉得这是一个非常典型也非常好的例子，因为过去的传统寺庙变成了现在的新式的、现代化的医疗机构，并且在寺庙的附近建立了医院，这些寺庙就是过去的传统疗法所在的地方。对于我来说这是一种清晰的历史，可以从中看出从传统疗法到现代科学的一种演化，尽管寺庙仍然希望能够有神圣的一面。当然也许科学离传统并没有想象中那么远。这就是我对这一问题的看法。

葛兆光：

我们还有时间可以最后问一个问题。

学生：

老师我有一个问题，我想知道那些住进寺庙里的精神病人的年龄结构和性别特征。比如说僧庙和尼庙它对于接收这些精神病人是否是有选择性的，或者说有没有接收儿童病患，以及寺庙对于精神病人怎么进行管理的？

罗柏松：

对的，各个年龄的病人都有。你问的这个问题非常有趣，因为在日本的资料里很多例子都是女性，比如说天皇的女儿。在岩仓的寺庙里，有三个天皇的女儿发疯的记录，然后她们都住在寺庙里，在最早的佛教经典里也有比丘尼波它卡那的故事。女性的例子较多的原因我不是很清楚，而且我也不能确定天皇的女儿是不是真的患有精神病。关于年龄和性别分布的问题，因为没有一个非常良好的资料可以让我确认男性和女性的比例，所以我也不能确切地回答这个问题，但是在故事里男性和女性都有。我一直在问我自己为什么天皇的女儿很多都有这样的问题，是不是由于社会的压力太大或者还是她们在日本的社会里地位比较低。也有一个例子是讲后三条天皇的,后三条天皇也患了疯病,有一个有名的京都比睿山的天台宗和尚帮助他进行了治疗,他的女儿也有这样的精神问题,我不知道这是不是天皇家庭的遗传。我也一直在思考为什么日本的寺庙里关于发疯的女性的故事比较多。

葛兆光:

我们的问题大概只能问到这里了,最后我再讲两句。第一个问题就是说我觉得中国和日本在处理精神疾病的问题上以及看待精神疾病的态度这方面可能有点不一样。大家可以去看上海三联书店翻译出版的一本书,是由凯博文(Arthur Kleinman),也就是曾任哈佛大学人类学系主任的克莱曼所写的一本关于中国人的忧郁症精神疾病的态度的书,这可能是导致中国人跟日本人或者欧洲人对待这个精神疾病的不同态度的原因,他在书中分析得很好,这也影响到如何判断中国寺庙和日本寺庙对待精神病的态度。这是一本非常好的书,因为他一直在湖南,他所分析的也是在台湾和湖南的案例。

罗柏松:

对,这本书非常有意思。克莱曼他写的这本书以及他其他的一些文章是非常有意思的。尽管他在医院里头有很多经验,他还是没有将这个问题上升到宗教的这一方面。

葛兆光:

关于第二个问题,我还是要强调在中国的寺庙和日本的寺庙由于历史上权力和它的影响力的差别,中国的寺庙往往不太能够处理很多精神病的问题,但是日本的寺庙因为它有很大的权力,在社会上有很高的地位,所以它能够处理很多的问题。这个在社会功能上日本的寺院和日本的佛教跟中国的佛教不太一样。

罗柏松：

这可能也反映佛教寺庙与社会的情况在日本跟中国历史上的情况是不一样的。

葛兆光：

对,在日本跟中国是不一样的。第三个问题我觉得是日本从佛教寺院到精神病院是处在一个传统到现代的转化过程中,跟中国的这个转化过程不一样。所以中国的佛教寺院在非常大的激烈的转变中,它很难过渡或者转型为一个跟精神病有关的一个治疗安慰的空间。特别是中国人对于精神上的疾病,往往将它们分为三个类型:一个是思想问题,那归党管;第二类是心理问题,那归精神分析的医生管;第三类才是生理上的精神疾病,那才归安定医院那一类的医院管。所以在这一点上,它已经跟我们过去传统佛教的处理精神疾病的方法不太一样了,它已经可以用我们现代一个很时髦的话来讲就是现代性,现代还有性。这可能还有很多问题跟日本的佛教相比是有很多差异的。

罗柏松：

也许跟心理学相关的历史还有现代的一些政策上是完全不一样的,日本是模仿西方的。

葛兆光：

中国能不能允许佛教来干预一般人的精神疾病问题,这里背后涉及的太复杂太复杂,但是无论如何我们今天要感谢罗柏松教授给我们讲的这些很精彩的故事。

张雨濛　整理

陈妤姝、梁辰雪　校对

燕行后的朝鲜洪大容与《医山问答》的诞生：一个东亚交流史的个案

主讲人：夫马进
主持人：葛兆光
时　间：2013年10月16日

夫马进

日本京都大学名誉教授,主要研究中国明清社会史与东亚关系史。著有《中国善会善堂史研究》《燕行使与通信使》(韩文)、《朝鲜燕行使与朝鲜通信使:使节视野中的中国·日本》(中文)。主编有《燕行录全集·日本所藏篇》、《增订使琉球录解题与研究》、《中国东亚外交交流史研究》、《中国诉讼社会史研究》。代表性论文有《同善会小史》、《明清时期的讼师与诉讼制度》、《1765年洪大容的中国京师行与1764年朝鲜通信使》。曾获恩赐奖·日本学士院奖。

葛兆光 复旦大学历史系教授,研究领域为中国宗教、思想和文化史。

葛兆光：

我们请夫马进先生来给我们作这场报告。首先我要跟大家讲的就是，夫马进教授是我们文史研究院很多年来合作和支持我们的一个重要的学者。其实我最早知道夫马先生是看了他的一篇文章，叫《讼师秘本的世界》，但是那个文章不是讲东亚的文化交流史的问题，而是涉及到近世中国法制史的问题，夫马进教授在近世中国的法制史和东亚文化交流史这两个方面，都有非常杰出的成就。他的《中国善会善堂史研究》是非常有名的著作，也翻译成中文了。他关于东亚文化交流史的著作，很有趣的就是我们文史研究院组织出版了他的这本书。但是他的这本书好像日文版现在还没有出版，有中文版，也有韩文版，但是没有日文版。今天我们请夫马进先生来给我们做的这个报告，涉及到中国和李朝朝鲜文化交流史上的一个重要人物，就是洪大容。他今天主要讨论的是洪大容的《医山问答》的一个问题，现在我们请夫马进先生。我顺便讲一下，我们今天很高兴艾菁女士来帮我们翻译，她的翻译是一流的。

夫马进：

各位下午好，今天非常荣幸能够来到文史讲堂来介绍我自己做学问的一些心得，今天我打算花一个小时的时间来介绍我的研究内容，剩下的时间我非常期待和在座的各位老师和同学对今天我们所讲的这个题目进行一些讨论，也希望从中能够学到一些东西。

今天我们所讨论的这个问题到底是从哪里由来，我想首先要明确的一点是，我们今天讨论的是一个和我们所生活的时代，也就是和现代相关的一个问题。今天我们要讲的这位人物洪大容，各位可能已经知道，他是韩国的一位重要的实学家，在初中和高中教科书上对他的学问也有所记载。但是在日本有多少人听说过洪大容的名字呢？恐怕在日本只有学术界研究朝鲜和韩国思想史的研究者知道，一般的大学生并没有听说过他的名字。那么在中国，大家对洪大容这个人物的认知又是怎样呢？刚才葛兆光教授介绍了洪大容的一些基本的情况，而我因为要到这里来准备这一次讲演，所以和贵院的杨琴有过几次邮件往来，我也是第一次从杨琴那里获知，原来在中国也已经有了洪大容《医山问答》的相关论文。

今天我为什么会选择来谈一谈洪大容这个人物，实际上跟我刚才在开篇的时候就讲到，与我们如何认识自己所生活的这个时代，这个时代具有什么样的特性有密切的关系。那么今天我也想请教在座的各位，为什么中国的知识分子开始关注洪大容这个人和他的作品？为什么出现了五篇研究洪大容著作的论文？大家的关注点到底在什么地方？究竟是洪大容的什么吸引了大家的注意？这也是我想和大家交流的。在韩国，洪大容是一个人所共知的伟大的实学家。我们想要了解韩国对洪大容的评价的话，可以看一份材料，2011年度版的国家指定的高中国史教材，就是高中生所用的历史教科书。在这本教科书当中，关于洪大容主要记载了以下三点：第一点是洪大容前往中国，归朝后根据在中国的经历，主张进行技术革命，废除门阀制度。第二点是洪大容强调克服朱子学，是朝鲜富国强兵的根本所在，并且批判了中国中心说。第三点是洪大容努力地致力于科学研究，他的科学研究主要集中在天文学和数学领域,并且提出了地球自转说。看了高中的教科书,我们就知道洪大容在韩国为什么成为一个大家所钦佩的伟人,简单地说他是一个致力于韩国近代化的先驱者。另外一点非常重要的是,他批判和否定了中国中心论,我们也可以从民族主义的角度来理解他的这种主张。也就是说,韩国的研究者是从近代主义和民族主义的理论出发来评价、考察和认识洪大容的。那么我们应该怎么样看待这样一个人物,这实际上关系到我们现在身处什么样的时代,有着什么样的时代命题。我本人这十多年来,对洪大容这个人物一直抱有浓厚的兴趣,甚至我自己认为我对洪大容这个人物的兴趣和关注度,不在韩国的研究者之下。但是我对他产生兴趣的原因并不是因为他提出了地球自转说,也不是因为他批判了中国中心论。我对他产生兴趣的原因是,因为他在 1766 年(乾隆三十一年)到访北京,并且在北京与中国知识分子进行了笔谈,而且留下了当时的笔谈的记录,叫作《乾净衕笔谈》。那么关于材料,我首先有一点想要说明的是,其实洪大容并没有留下这样一份叫《乾净衕笔谈》的资料,而是写下了一个叫《乾净衕会友录》的书稿。事实上,《乾净衕会友录》是我去年发现的一份史料,我今天没有时间,就不详细加以展开了,为什么韩国的学者过去对洪大容有这么多的研究,他们却没有找到这份史料,而我找到了这份史料,以后有机会再谈。

我这里想要介绍的是,我其实很感兴趣韩国的学者究竟被洪大容身上的哪一点所吸引,而对他进行研究。为了说明我对洪大容的兴趣点和韩国的教授们的兴趣点之间的异同,我要介绍一件轶事。4 年前也就是 2009 年,我应邀访问了韩国的一所大学,并且在那里作了一次演讲,演讲的题目是《洪大容与朝鲜通信使》。那次讲演当中我说到了这样的内容,在 18 世纪的后半叶也就是乾隆末期左右,中国的知识分子是常常落泪的,在同一个时期日本江户、京都的知识分子们也是一样,虽然是男儿,但是伤心或者忧烦的时候也要落泪。同时代的洪大容看到中国知识分子流泪的场面,就批评说简直就像妇人一样,男人怎么可以哭。早他一些时间去日本的一位朝鲜通信使,看到日本知识分子掉眼泪的场面,也和洪大容一样,批判说不像男子汉,好像弱女子。但是随着洪大容在中国与中国知识分子交往的深入,他也受到了中国人自然情感流露的感染,在回国前一天,他一边读中国朋友给他的来信,一边也流下了眼泪。最后他放下了屋子里的窗帘,在昏暗的房间里一个人独自流泪。

当我读到这段轶事的时候,我觉得非常有意思,洪大容看到中国的知识分子流眼泪,感到不可思议的那种场面,我觉得实际上应该和中国思想史以及日本思想史联系起来进行思考。我联想到了中国一位叫戴震的知识分子,戴震之前在日本有一位儒学家叫伊藤仁斋,之后有一位日本儒学家叫本居宣长,他们都非常重视"情",我觉得这是中国思想史和日本思想史当中重要的内容。我看到洪大容面对中国知识分子流泪的场面感到非常惊诧的这样一段轶事的时候,我联想到了这些。

那次讲演来了韩国不同大学的教授,他们的反应非常激烈,很多人都争相举手发言,所有的人都要反对我提出的这些看法。其中令我印象尤为深刻的是有一位教授说,夫马先生您好像对眼泪情有独钟啊。但是说我对眼泪情有独钟的这样一个评价,让我觉得也是非常重要,这让我们可以知道今天的历史研究者处于一个什么样的历史发展阶段。这句评价的深意直到我去年到首尔访问,看到了一本新的学术著作之后才明白,他为什么有这样的一个评价。去年韩国新出了一本学术著作,叫作《湛轩洪大容研究》,我也买了一本。我恰好读到了其中一篇对洪大容进行评价的文章,读了这篇文章我才意识到,在过去韩国的研究者对洪大容进行研究的主要理论基础是民族主义和近代主义。现在想起来觉得是理所当然的,但是当时我就没有意识到这一点。

刚才我也介绍了在韩国的历史教科书当中,对于洪大容的描述非常重视他提出的富国强兵的主张,富国强兵实际上对于东亚各个国家的近代史是一个共同的话题。富国强兵所追求的是一个有勇气的男子汉的形象。对于研究对象的这样一种主观认知,和我们现在进行的研究当中的性别领域也有一定的关系。2009年我作讲演的时候,在座的那些教授们对洪大容的印象，一定是符合富国强兵理念的一个非常武勇的男子汉的形象。这才符合他们对这个人物的民族主义和近代主义的评价，而我在讲演的时候，却提到了他在伤感的时候流下眼泪的场景。这其中存在的一种巨大反差，使得他们纷纷举手表示不同的意见。

但是对于今天的我们来说，地球自转以及中国不是世界中心的这个事实，究竟又有多少意义呢？这是理所当然的事情，甚至连小学生都知道。今天我们来看洪大容这个人物的时候，这个事实又有多大的意义呢？

对于韩国对洪大容这样高度的评价，日本甚至出现了一些学者的质疑。比如说有研究韩国科学史的日本学者就指出，洪大容要比哥白尼足足落后了两百年。其实他作为一个自然科学家和思想家，并没有什么特别了不起的地方。进行这样一个研究来证明，洪大容作为一个科学思想家，事实上并没有韩国对他做出的评价那样卓越，或者从世界史的角度来看，他甚至不是一个非常先进的思想家。但是我们花时间去证明这样一个论点究竟又有多大的意义呢？虽然写这篇论文的是我非常熟悉的一位东京大学的学者，但是我还是有这样的疑问。

关于这个人物，我想特别提一提的是《乾净衕笔谈》，至少在我所知的范围之内，在东亚这样的一个空间里面，像这样一份记录不同国家知识分子至为亲密交往的史料，具有空前绝后的独特性。这部资料记录了中国知识分子最真实的面貌和言谈，这些中国知识分子之所以能够将如此真实的一面示人，我想完全是因为洪大容出众的品格、真挚的言谈和非凡的学识，打动了他们的心。18世纪的中国人喜欢上了洪大容这个人，我对这个人物同样抱有浓厚的兴趣，原因和中国乾隆年间的中国知识分子一样，也是被他的思想和为人所吸引了。

今天会场上发了一些资料，在资料当中有一些图。请大家先看第一张图，大家拿到图了吗？发给大家的资料上有一张洪大容的画像，这幅画像是被洪大容称为天涯知己的中国朋友严诚当场为他画的。这幅画像也非常知名，讲到洪大容这个人物的话，常常用到的画像就是这一幅。另外一张图是去年在韩国有一个关于洪大容的展览会在他的家乡举办,展览会的图录当中就有这样一幅图,我也把它附在了我们今天的资料当中。这张图是洪大容的别墅和庭院的布局图,在北面是他的居所,南面有一个四方的池塘,池塘中间有一个圆形的岛,岛上还有一个私人的天文台,叫作笼水阁。洪大容庭院当中这个四方的池塘,是取义朱子的诗句"半亩方塘一鉴开",而笼水阁的名字则来自杜甫的诗句"日月笼中鸟,乾坤水上平"。除此之外,池塘的东面还有一处射击场,叫作志彀坛,也是取自《孟子》,池塘里面还有一条船,叫作太乙莲舟,这个可能和道教或者老子思想有关系。所以说洪大容家的庭院虽然不大,却体现他的人生理想和追求。我对庭院的历史没有什么研究,但是我猜想在19世纪前后,生活在东亚的知识分子,像洪大容这样在自己的庭院里,筑一个四方的池塘,在池塘中间筑一个圆形的岛,又在岛上建起一个天文台的人,恐怕不会太多吧。我从他的这种行为当中,感受到了他的独创性和天才性。

洪大容于1765年到中国燕行,他去北京的目的是为了寻友,也就是说他在偌大的朝鲜国内难觅知己,而要远赴北京去寻觅天涯知己,这样的事情恐怕只有天才才做得出来。在去燕行之前,我们就有足够的材料来了解他是一个多么不同寻常的人,而他的不同寻常在他燕行归朝以后,还一直持续着。我又想到了两年前我在韩国的一个学术研究会议上发生的一件事情。当时我也介绍了关于洪大容的研究,在听了我的介绍以后,韩国一位非常知名的朝鲜思想史研究家对我说,在听到你的介绍之前,我没有想到他是这样一个性情中人。在韩国,大家提起游记的话,往往首先想到朴趾源的《热河日记》;而谈到近代化的话,首先想到的是朴齐家,与他们相比的话,洪大容给人的印象是一个安分的知识分子。他回国以后,继续表现出他的天才性,其中最重要的一个材料就是他的著作《医山问答》。《医山问答》是一部非常朴素、完全虚构的作品,书中只有两个人物,一个人是虚子,还有一个人叫作实翁,而实翁是洪大容所追求的巨人形象。《医山问答》的主要内容是通过他们的问答,介绍了虚子这个人物执着于现实之中所见的虚幻,而不能自拔。实翁则是将一切都相对化,摆脱了现实当中的虚像和尘俗的观念。

虚子和实翁其实都是洪大容的化身,虚子是燕行回来之前的洪大容,而实翁是洪大容在撰写这部作品的时候,心里所追求的一种理想境界。那我们要问的第一个问题是洪大容从北京回到朝鲜以后,他经历了怎么样的过程,完成了他自己从虚子向实翁的转变?从洪大容写的文章也好,写的信也好,我们可以看到他从北京回到朝鲜的几年间,他无疑还是一个朱子学者。洪大容回到朝鲜以后,给他的朋友严诚写了一封信,这封信的主要内容是对严诚说,不要被异端的一些思想和理论所吸引,他说的异端主要是佛教等等,而要专心研究朱子学,实际上写了很多鼓励的话。严诚收到了洪大容的来信以后,也给他回了一封长信。这封信非常长,有三千多字。洪大容是在一年多以后收到这封回信的。他们在北京分手以后,严诚会试落第回到了乡里。但是因为生活非常贫困,他听了父亲的劝说,到福建省的福州去担任了类似幕僚这样的职务。在当时知识分子是不到福州去的,因为那个地方非常偏远,而且有很多疫病盛行。不幸的是严诚真的在他赴任的福州染上了疟疾,并且病情不断地加重。他于 1767 年到福州,当年 6 月染上了疟疾,9 月份因为病情加重,就被人用担架从福州送返了杭州,11 月就病逝了。所以最后这封长信实际上是严诚身染重疾在病榻上写给洪大容的绝笔。

在这封长信当中,严诚对洪大容的思想进行了严肃、直率而温暖的批评。具体的内容因为没有时间,所以我们不展开了。简单地说严诚在这封信里面希望自己的朋友能够少一些偏见,多一些自由。他认为洪大容这个人完全被束缚在朱子学的世界里面,对朱子学以外的思想和学术完全没有兴趣,甚至非常排斥。他希望他的朋友思想能够更加开放一些,不要拘泥于朱子学。因为洪大容在给严诚的信当中讲到,我们不应该把时间花费在辞章、训诂和记诵上,而应该专心地研究朱子学。对此严诚回信说,事实上"汉儒训诂之功尤伟",这实际是当时中国盛行的乾嘉之学,也就是考据学影响之大的一个表现。严诚对洪大容最严厉的批判,认为他拘泥于僵化的道学。这里讲的道学无疑指的就是朱子学。他劝洪大容说应该对佛教和老庄更为宽容，并且他也指出其实阳明学在现在的中国思想界已经不是你所认为的那么重要的学问了。洪大容给严诚写的那封信，我们可以想象他是真心诚意的，但是他收到严诚这位他自认为是天涯知已的朋友的回信，态度却跟他是完全的不一样，而且这封信还是作为天涯知已写给他的绝笔，我们可以想象他当时受到的心理冲击有多么大。

正是从这个时间开始，洪大容开始了他艰难的思想转变的历程，我觉得这个人非常了不起的是，他虽然经历了种种的苦难，甚至有身体的病痛，还有思想上的忧郁，但是他完成了从"虚子"到"实翁"的转变。

从这个时期开始，洪大容写给中国朋友的信中，就频频提及他自己已经是忧病缠身了。他说自己"精神消落"，"发白齿落，已老大样子"。"昨月以来，身病疟疾。委卧床席，闷怜闷怜。"自己都觉得自己非常可怜。他这一段时间身心状态的不稳定，让我想到了朱子学实际上是非常强调个人自律和锻炼的这样一种思想。在朱子学当中，称坐是"居静"。身姿要非常的端正，不能晃动，身心要协调。洪大容是一个朱子学者，一定也是在年轻的时候遵循这样居静的修炼。但是这个时候他的身心出现了这么大的问题，恐怕是因为内心对朱子学产生了很大怀疑的缘故。一个人有信仰的时候，通常是非常坚定而且很强大，但是当他对自己曾经的信仰产生怀疑的时候，通常是身心俱疲，两方面都遭受到很大的影响，他本来不应该是一个身体很羸弱的人，但是这个时候他的身心状态真的是非常糟糕。乾隆三十五年的冬天，严诚的一个朋友写信给洪大容，信中有这样一句话"及观铁桥所画小像"，就是看了严诚画的那幅洪大容的肖像，"亦以胸有抑郁而体患孱弱者"，说他心里好像有很多的烦忧，身体看起来也很弱。如果真是这样的话，那么洪大容并不是一个筋骨强健，能够担当起富国强兵重任的这样一个壮汉。我们再看一看他的肖像画吧，大家怎么看他的肖像画？大家对洪大容这个人有什么样的印象？看了这幅肖像画，确实好像严诚的朋友所说的那样，他的肩膀也不是非常的宽，而是溜肩，弱不禁风的样子。

如果真是这样子的话，确实他不是一个很强健很壮实的一个人。而且在这一段思想混乱时期,据说他的脾气也非常暴躁。作为朱子学者的时候,他要控制自己的情绪,做一个君子。但是当他心里的信仰动摇了以后,他对自己情绪的控制能力也丧失殆尽,经常对身边的人发火。他的这些忧病也好,脾气暴躁也好,从文献上来看,是从乾隆三十五年(1770)左右开始的。而我认为他的思想重大的变化也是从这段时间开始的。而当时他还担任了世子的教育工作,当时的世子就是日后的政祖。当时在回答世子的一些问题的时候,他当然是采取了朱子学者的立场。而从乾隆三十八年(1773)前后,有很多的文献显示,洪大容开始倾心于庄子等中国的古代相对主义者,这在今天的韩国学界也是众所周知的事情。

《医山问答》这部著作究竟是什么时候写就的呢?关于这个问题,首尔大学有一位教授去年出版了他的学术研究。在这部作品当中他提到朴趾源在他的《热河日记》中,向中国人介绍洪大容地球自转这样的事情,并且由此推断说,《医山问答》应该成于朴趾源燕行之后。但是我对这个研究持有保留态度,我觉得这样的分析没有足够的依据。

我个人的观点是从洪大容给中国朋友的书信来推断,他在《医山问答》当中所写的这些思想,大约是形成于乾隆三十八年到四十一年(1776)这段时间。

对别人流泪的场面特抱有特殊兴趣的夫马我,特别读到了洪大容乾隆四十四年(1779)的一封信。事实上人的情感是很难控制的,但是朱子学中一个非常重要的内容,就是要求人们能够控制好自己的情感和情绪。在乾隆四十四年,洪大容给一位中国的朋友写了一封这样的信,信中说:"我辈既为铁桥之友,死生之际,缠绵如此,得此恩赐,何以报之?"铁桥也就是严诚,我是铁桥的朋友,在他弥留之际,还写了如此长的一封信给我,叮嘱我将来应该怎样做学问做人,得到他这样大的恩情,我应该怎样来报答呢。"至其悲恋之情,犹近儿女之私,不必过尔。"他甚至说,他对这位天涯知己抱有一种悲恋之情,甚至于儿女情长也不能超过他对严诚的这样一种情感。可见他至此已经完全克服了朱子学所提倡的一种严格的自我控制或律己主义,甚至说他已经采取了一种对朱子学否定的态度。那么我今天要讲的内容就主要是这些,我非常希望听到各位在座的各位师生朋友们的一些感想和批判。

我们要知道他的思想发生了多么大的变化,可以看一下他14年前在北京写给严诚的信,信当中有这样一段话:"但不知交修补益之义而出于一时情爱之感,则是妇之仁而豕之交也。"他说如果我们对于朋友的情感,不能够了解友谊所带来的意义,而是出于像妇孺那样单纯的情感,那么这种交往和猪的情感也就没什么区别,他曾经写过这样一段话。

其实刚才我也介绍过在日本有一位韩国科学史的研究者,曾经这样评价洪大容,说他的实学并不是对朱子学的否定或者超克,他是在追求正统的真正的朱子学。但是我想这位学者一定是没有读到,或者说他读到了没有正确理解这些史料。我们认为洪大容在乾隆四十四年的时候,已经和14年前的自己发生了极大的变化,这才是对这些史料正确的解读。

在韩国的学界,很长一段时间也有对《医山问答》的研究,也非常关注虚子的"虚"到底是什么意思。显而易见"虚"的反义词是"实","虚"就是无用的学问,而无用的学问就是朱子学。如果我们虚心谨慎地来读这段文献的话,恐怕我们不会得到这样的结论。但是我们读了《医山问答》之后,我们会发现虚子的"虚"是虚伪的虚,是不知道自己是什么的虚。读了《医山问答》以后,我们会发现在《医山问答》当中,洪大容所写的"虚"实际上是一种伪善,他把伪善看作是"虚"。他从去北京以及从北京回来这段时间,其实还有一个非常强烈的念头,就是要献身道学。为了献身道学,他要表现得非常谦逊,非常的谨慎,而且他也想让周围的知识分子和他一样成为虔诚的朱子学者。但是后来他发现,这实际上是一种虚伪。他从献身道学的自己,压抑自己的一个朱子学者,重新要变回一个普通人,自然的人,正常的人。在他的《医山问答》当中,我们能够感受到这样一个自然、普通、正常的人,才是"实"。

他在北京的时候,大家记不记得刚才我们讲到了他回国之前,收到了中国朋友的信,读到了信之后他忍不住流下了眼泪,于是就放下了窗帘,一个人在黑暗当中哭了很久。当时他这样的一个形象实际上是去掉了很多外部的限制,表现出了真心,是真心无虚的洪大容。回到朝鲜以后,他又不断地反省自身,终于能够把他身上束缚限制他自然情感的种种东西都祛除,重新变回一个赤裸裸的能够任由自己情感流露,可以自由落泪的这样一个人。我们看到了洪大容这样一个成长的过程,而且我们也可以说,其实洪大容在北京一个人在黑暗中落泪的场景,就让我们相信,洪大容是这样一个具有资质的人,所以他完成了以上的转变。

刚才介绍了我为什么对洪大容这个人产生了如此持续长久的兴趣。那么接下来我还想谈谈,我们从《医山问答》当中可以汲取一些什么问题。我想我们可以从社会论的角度来阅读这本著作。在《医山问答》当中,有这样一段话,大家可能已经拿到中文翻译的稿子了,在第6页的第2段"自周以来"这里,大家看一下,"自周以来,王道日丧,霸术横行,假仁者帝,兵强者亡,用智者贵,善媚者荣。君之御臣,啗以宠禄,臣之事君,餂以权谋,半面合契,只眼防患,上下掎角,共成其私。嗟呼咄哉,天下穰穰,怀利以相接。俭用蠲租,非以为民也。尊贤使能,非以为国也。讨叛罚罪,非以禁暴也。厚往薄来,不宝远物,非以柔远也。惟守成保位,没身尊荣,二世三世传之无穷。此所谓贤主之能事,忠臣之嘉猷也"。

在最后一段话里面,我们可以看到有"贤主"和"忠臣"这两个词,当然他曾经侍奉的成祖也包含在贤主之列,那么当然中国的乾隆帝也包含在内。也就是说在他看来,这些历史上的明君其实都是坏人。读了这段文字以后,我想不仅是我,在座的各位一定也联想到了黄宗羲的《明夷待访录》当中《原君》和《原臣》的想法。读了这两篇东西以后,我觉得洪大容的议论甚至比黄宗羲更加透彻,这是因为他在宇宙论的角度来开展了他的相对论。

他认为自周以来,也就是把中国的文王武道都写入贤君之列。我个人读这段文字,我觉得这段文字对社会政治国家的论述,是非常悲观和消极的,这和黄宗羲所抱有的乐观的君主论是完全不一样的。洪大容这种彻底的相对主义究竟是如何形成的,或者说在 18、19 世纪的东亚,是不是有过和他同样彻底的相对论者,这个可能要请教葛兆光教授,在中国有没有这样彻底的相对主义思想论者。洪大容如此彻底的相对论,可能与他很高的天文学素养有关系。在乾隆和嘉庆时期的知识分子,他们都醉心于考据学。他们的天文学素养远远不及洪大容,那么从这个意义上来讲,洪大容实际上是生活在文化边境的一个人,同样生活在文化边境的日本知识分子,在同时代也对天文学表现出了强烈的关心。所以我们在考察这个问题的时候,也许可以和日本的兰学进行比较,会对思考这个问题带来更加丰富的启示。同时我们也不能忘记利玛窦的《坤舆万国全图》在当时的朝鲜早就已经普及,也就是说在朝鲜洪大容的天文素养并不是一个孤例,他有一定的普遍意义。

回到我们今天讨论的问题的核心来,我们今天怎么样来认识洪大容这个人物,是不是依然把他作为一个伟大的实学家来把握。过去在韩国对洪大容这个人物进行的研究和思考,都是基于民族主义和近代主义,他也被定义为韩国的富国强兵的先驱者,但是过去这些评价洪大容的理论基础,今天已经制约了进一步理解洪大容作的可能性,所以现在我们到底应该从什么样的角度来理解洪大容,这也是我今天想和在座的各位老师、同学和朋友们探讨的一个问题。今天我要讲的就是这些,谢谢大家。

提问与回答

葛兆光:

谢谢夫马进教授。对于洪大容的这个问题呢,确实过去韩国的学者当然主要是从民族自尊和近代主义的角度出发去讨论,经常会说到比如说实学到北学,以至于启发了后来所谓近代化的过程。今天夫马进先生把他放在东亚思想史的另外一个脉络去讨论,其中讨论的几个问题我觉得很有兴趣。一个就是在伦理问题上,他强调了情,这个跟当时东亚三国朱子学的基调是不太一样的。第二个就在政治学上,他强调了洪大容跟黄宗羲的《明夷待访录》的思想有一些相似,甚至比黄宗羲还要激进的地方。他提出的这个问题,我想我们从中国思想史的角度,我们也去做一些猜测或者说是判断。首先第一个问题就是洪大容的思想,跟当时乾隆三十年代的考据学有什么关系,我注意到严诚严铁桥是杭州人,刚好是处在江南考据学派的一个风潮里面,他向洪大容批评朱子学的想法,恐怕与此是有一点关系的。更何况他在最后给洪大容写的那封信,提到这个问题。第二个就说,我觉得如果要谈到中国的考据学家,其实我们更应该注意到大概同时代的戴震,戴震的想法跟洪大容的想法有很多很接近的地方,他批判朱子学,也批判长期以来主张以性虐情,就是强调天理,要灭人欲那一部分。所以再加上戴震的思想,很多人都认为他有一些近代的启蒙主义的成分,他对于当时的皇权和体制,有没有什么批评,这里面是一个要值得讨论的问题。其次第二个要讨论的问题就是洪大容关于天文的知识到底有多少是他自己想出来的,也许他到中国来参观了天主教堂,跟传教士有一定的接触,是不是他的这些想法是从中国转手传过去的西洋天文学与宇宙论关系。因为戴震本身也是一个非常重视数学和天文的人,他在数学和天文方面的造诣也很深,那么这是不是也有关系。所以我们现在非常有兴趣的就是,夫马进先生把洪大容由虚到实的思想放在东亚三个国家的思想史的环境中去讨论,这个我觉得挺有意思。我记得一个韩国学者叫金泰俊,他写了一个《从虚到实》,也是在考证洪大容的思想,那么是不是"由虚到实"的解释,韩国学者是一种,日本学者是一种,中国学者可能还有一种,是不是?我们今天可以大家一起讨论,谢谢大家。现在开放给大家,一起讨论吧。

夫马进:

刚才葛教授谈到了东亚三国的关系,特别是在天文学方面的交流。其实洪大容到北京来,他有两个目的,一个目的我刚才介绍过了,他来寻觅天涯知己,这个目的在我们今天听来是挺独特的,另外一个目的他是想要参观天文台,和欧洲的天文学家们进行讨论。在他出发之前,他自己的私宅里面就有一个四方的池塘,有一个圆形的岛,岛上有他的私人天文台。他的天文台的建造得到了一个南方能工巧匠的帮助,而这个能工巧匠的技术实际上是从日本学来的,我读到了一份资料。所以洪大容他的各种各样的知识,包括天文学的知识,各种各样的思想影响,一方面是来源于中国,另外一方面也有一些是来源于日本。不好意思,我刚才记忆有些模糊的地方,我刚才说天文台的技术是日本传来的,其实不是。这位能工巧匠在日本学到的是自鸣钟的技术,他在日本学习了自鸣钟的技术,然后回到韩国的南方,洪大容就找到他,和他一起合作建造了这个天文台。

葛兆光:

哪一位?

王鑫磊:

今天听了夫马先生的报告我也很受启发,我自己关于洪大容以及朝鲜实学的问题也有自己一些看法。首先是关于洪大容这个人。我觉得他在去往中国燕行之前,首先他本身是一个朱子学者,这点没有疑问。但是他在去中国之前,他应该确切地说是一个具有实学思想的朱子学者。所以他会自我感觉说在朝鲜找不到这样的知音,是因为他的实学思想这一部分,找不到知音。而他到中国来之后,对他最大的一个影响,包括您提到的严诚跟他的交流,最大的影响我觉得就是中国的这些学者让他思想上有一个转变,抛弃掉了对他影响深刻的朱子学当中禁锢到或束缚到他实学思想发展的一些部分,我觉得这是这次燕行对他思想最大的一个帮助或者作用。另外就是说,回到《医山问答》这个文献本身,因为我也看过这个文献,我觉得这个文献大致是三个部分,三个部分其实是有一个层层递进的关系。第一部分就是虚和实的问题,实际上是在检讨,我们不能说在批判朱子学,他是在检讨朱子学当中那些所谓虚伪的部分,但是他并没有完全排斥掉朱子学。他的一个目的就是希望能够把束缚到实学发展的部分来进行一个检讨,这是第一部分的内容。第二部分就是整个《医山问答》近二分之一或二分之一以上的内容,都是在讨论地转说的问题,或者说是一个现代天文学和地理学的问题。我对这部分的理解,我觉得他是想试图用这样一种知识来拓宽朝鲜人长期以来被正统朱子学的理念所束缚的思想,开拓他们的眼界。继了解地转说或天文学之后,拓宽眼界之后,他最后提出的第三部分虽然篇幅不是很长,但是我觉得是他最重要的一个观点,就是他要颠覆华夷秩序的一个问题,第三部分他实际上在讨论华夷秩序的问题。还有他在这一部分有非常重要的观点性表述,就是说他认为治理地方的人都是君主,只要是有疆土的都是国家,在上天或自然界看来都是没有区分的,实际上就是说没有像属国和宗主国这样一个概念,意思就是让知识分子能够摒弃一种长期以来觉得朝鲜是大国的附属地位,或者是文化上的一种附属的地位。其实我觉得更有意思的是这样一句话,他的表述是这样的,"是以各亲其人,各尊其君,各守其国,各安其俗,华夷一也"。就是说每个国家都是自己的国家,没有什么华夷之分。我觉得摒弃掉华夷观念,实际上也是一种实学必须要解决的问题。因为我们讲到实学的时候,还会讲到另外一个观点就是北学,所谓北学它就有一个指向性的问题。北学就是向北边的清朝去学习,向清朝学习的时候要解决一个问题,就是朝鲜知识分子对清朝态度的问题。这个态度本来就是在华夷观念之下来转化的,朝鲜的知识分子认为清朝是蛮夷,所以没有什么可以学习的。但是实学派这一帮人他们还是希望摒弃掉华夷观念,让朝鲜的知识分子能够注意到这一点,就是说还是应该去向文化确实先进的清朝去学习。对不起,我可能说的太多了。这就是我对这个问题比较粗浅的理解,可能也不一定正确,如果有时间的话,希望跟您再进行进一步的沟通。

夫马进:

你说的是对的,但是我们认识到这一点,这些观念对今天的我们来说,有些什么意义呢?我觉得你说的这些内容和韩国的正史的观念是一样的。

王鑫磊：

我觉得您提到的韩国学者的观点，我的理解是这样的，还是回到历史本身，我觉得《医山问答》这个文献本身，可能是洪大容希望向朝鲜知识分子去展示他们这一批实学知识分子的观念的一个文本。实际上这个文本在当时的朝鲜的知识界产生了怎样的作用，是需要去另外评价的，不是因为我们今天看到这个，就觉得好像当时的知识分子都会认同这样一个观点，实际上主张实学的在那个时候还是极少的一部分知识分子。我也是同样认为，跟夫马先生的观点一样，韩国学者或者是一种后见之明，或者说以一种后来的观点去夸大当时的历史事实的问题存在，他们认为洪大容当时这样一种思想，就联系到跟后面的近代化的问题相关。这个确实有过于扩大化的问题，我跟夫马先生的观点是一样的。

夫马进：

洪大容留下了很多的文献，包括我们今天对他的思想进行研究的一些素材，其实都是写给中国人，也就是外国人的信，也就是说他在很长一段时间里面，在自己的国家并没有找到可以进行思想交流的对象。包括《医山问答》他也是一种自问自答，而且我们没有找到任何资料可以表明他把他的这些思想和他同时代的朝鲜知识分子进行交流的证据，没有这样的证据。这些东西在韩国也是 1936 年左右才发表，在此之前他的这些思想被认为是非常危险的思想。这里就要提一个问题了，你刚才讲到说他写这本书的目的是为了让更多的朝鲜知识分子能够了解实学派的人，他们究竟在想什么想做什么，但是事实上我们也许没有充分的资料来证明他想要让其他人知道他的所思所想。另外我也看到过一封他写给中国友人的信，他说我想再多活几年，为什么我想多活几年，我想用自己的眼睛来看一看人生的真相，社会的真相，他不要那些非常漂亮的辞章来描述那些虚伪的东西，他要亲眼来看一看。但是他的这样一些想法，似乎现在我们也找不到任何文献来证明说他把这样的观念跟他同时代的韩国的知识分子交流，所以你刚才说的他的目的,究竟有没有这样的意图存在,确实需要考察。

葛兆光:
我们看还有什么问题吗?

夫马进:
大家要向洪大容学习,想说什么就说什么,想问什么就问什么,不要客气。

葛兆光:
各位还有没有什么问题可以问的? 其实刚才夫马进先生提了一个问题,就是说为什么中国人现在开始关心洪大容。夫马先生提的这个问题呢,让我想到东亚三个国家可能对同一个事情有不同的关心。刚才夫马先生讲到,韩国对洪大容的评价,甚至把他放在高中的历史书里面。他显然一方面强调李朝朝鲜有这么伟大的学者,这个是跟韩国所谓的民族自尊自信是有关系的,但是另外一方面他也要建造一个韩国近代化的这样一个思想转变过程,这就涉及的一个问题就是说,可能在韩国的立场上,就出现了刚才王鑫磊讲的那个问题,他是不是后来逐渐地被建构起来的,就是说他的伟大,他的近代意义,和他对民族的表彰作用,是不是后来被发掘出来的。那么日本学者关心洪大容,也有他的道理,因为这不仅仅是一个韩国或者朝鲜的历史人物,而且他是整个东亚的一个很重要的学者,他代表了当时思想史里对情感的重视,对朱子学的批判。同时东亚三国共同出现的对一个传统的思想和观念进行批判的潮流里面的一个人物。包括我看到的夫马先生写的洪大容对中国的访问的一些记录,还影响到朝鲜通信使到日本去访问的时候对日本的一些看法。那么这涉及到对东亚三国的一个共同的问题。但是现在我要把他说回来,就是中国学者为什么关心洪大容,其实以我个人的看法,中国学者之所以关心洪大容,是因为乾隆三十年代是中国当时的鼎盛时期,中国当时是一个大帝国,是中国最重要的时候,但是刚刚好在那个时候,朝鲜使者对中国的看法是在一个很微妙的转变过程中。如果在洪大容之前,大多数的朝鲜使者对于中国当时的文化现象是批判得很厉害。因为他认为中国是蛮夷,是满族建立的一个没有文化的帝国,但是到洪大容和洪大容以后的朴趾源,就出现了一个转变,他就开始把中国分成好几种评价,所以为什么在鼎盛时期出现这样一个变化,是中国学者比较关心的问题。中国学者可能关心的是朝鲜人怎么看中国。所以我想同样的一个事情,同样的一个历史文献,同样的一个文本,可能大家关心的地方不太一样。但是这个不太一样不是一个矛盾,而是说我们可能各自看到了一个不同的方面。所以中国学者有中国学者关心的理由,可能跟日本学者、韩国学者会有一点点不同。你们有什么看法?

董少新:

夫马先生的这个报告给了我非常大的启发,我觉得您似乎是深入到洪大容的内心世界来研究这个人物,而且尤其批判韩国学界,不同意韩国学界对洪大容这个人物的后见之明,塑造性地去研究他的形象。我觉得这种学术研究的导向,在中日韩都是存在的。因为我们现在就面临一个现状,就是我们中日韩都是现代化,在这个现状过程中就会回溯去寻找中国历史上、韩国历史上和日本历史上那些与西洋文化接触的先驱们以及他们所做出的贡献,包括日本的兰学,包括韩国的洪大容,也包括中国的徐光启、魏源、林则徐,还有维新派的这些人。但是我觉得是不是在这个过程中,会夸大对这些人物的塑造,这些人物对本国历史近代化的过程中所发挥的作用,您似乎提供了一个新的研究的或者是观察思考的角度,而是从东亚文化或各自本国文化的历史学术脉络、思想脉络中去理解洪大容这样一类的人物。所以对于我来说,比如说听了这一次的报告,我回去再重新思考像徐光启、李之藻、杨庭筠,以及重新思考阮元、魏源、徐继畬,还包括何秋涛这些人物的时候,可能会去注意他们在中国本国思想脉络中的这种形象。或许我们以前的研究会过于夸大他们由于接触到西学,对中国历史的影响性,谢谢。

葛兆光:

我其实一直对夫马先生这个报告有一个地方我有一点疑问,就是最后这一段,他对于君、臣、皇权的批评,到底在朝鲜史上有多大的影响?

夫马进:

没有影响吧。

葛兆光:

那么如果没有影响的话,他的意义是我们今天的人看到的,还是过去的人就已经看到了?

夫马进:

他那样的看法在韩国的历史上直到1939年左右,连一个人也没看到过,所以一定没有影响的。但是对于这样的人,我们的评价应该要怎么样呢?

葛兆光:

这个同样是一个问题,在中国历史上像王夫之,他也是这个问题。王夫之我们现在都在说他是启蒙主义思想家,可是他的书有几个人读过,要到很晚很晚他的思想才会起作用。同样刚才董少新的那个问题也是这样的,说老实话西洋传教士他的那些新的知识新的思想,到底能够在中国的思想史上起多大的作用,什么时候起作用,真的是一个问题。如果没有时势配合,他能不能起作用。所以这个评价是一个历史学上很麻烦的事情,这就是说作为当时的思想史,还是作为后来的思想史,这是一个很麻烦的事情。如果没有什么问题,我们今天的报告就到这。因为夫马进先生关于燕行使和通信使在这里还有三次课程,课程里面我觉得讨论的可能性会比较大。因为在这可能很多内容大家事先没有阅读,也没有准备,提问题也很困难。那么今天我们就到这,谢谢大家,也谢谢夫马进先生。

邵小龙　整理

陈妤姝、梁辰雪　校对

王羲之的仆人、熊希龄的顾问——1913年内藤湖南对中国的文化认同与政治指点

演讲人：陶德民
主持人：陈正宏
时　间：2013年11月5日

陶德民

  关西大学文学部教授、关西大学文化交涉学教育研究中心主任,著有《大正癸丑蘭亭会への懷古と継承—関西大学内藤文庫所蔵品集を中心に—》、《内藤湖南と清人書画—関西大学内藤文庫所蔵品集—》、《明治の漢学者と中国—安繹・天囚・湖南の外交論策—》、《日本漢学思想史論—徂徠・仲基および近代—》、《懷德堂朱子学の研究》;合編 *Culture Interaction Studies in East Asia*: *New Methods and Perspectives*、《東アジアの過去、現在と未来》、《東アジアにおける公益思想の変容—近世から近代へ—》、《朱子学と近世・近代の東アジア》等。

陈正宏 | 复旦大学中文系教授,主要研究领域为版本目录学、文学文献学。

陈正宏：

各位老师、各位同学，我们现在开始。今天我们文史研究院文史讲堂很荣幸请到日本关西大学的陶德民教授来为我们进行学术演讲。陶德民教授的简历我大致先介绍一下。陶教授是我们复旦大学的校友，是历史系毕业的硕士，然后在日本的大阪大学获得文学博士学位，后又到哈佛大学做博士后。从1999年开始在日本的关西大学担任正教授。我是2002年去关西大学进行访问，当时结识了陶教授，他不仅在生活上照顾我，还带我开了许多的学术的眼界。他不光是我们的校友，我觉得他做学术最精彩的地方，是作为一个在日本的中国人并不是研究中国问题的，而是研究日美关系的。他带我去参加的第一个学术会议就是关于日美关系的研究，后来他的兴趣逐渐转向东亚，主要研究日本的汉学。大家知道，一个中国人在90年代就能到日本获得教职，而且是正教职，其实是非常困难的，这也是我们复旦大学的骄傲。陶教授的成果我就不一一介绍了，他今天来这里给大家进行的讲座主要是关于内藤湖南的，题目就很吸引人，叫作"王羲之的仆人、熊希龄的顾问"，副标题是"1913年内藤湖南对中国的文化认同与政治指点"。这是一个既有历史意味又有现实关怀的题目，我大致看过他的论文，这会是一个非常有意义的报告。所以我们大家首先以热烈的掌声欢迎陶老师为我们作报告。

陶德民：

今天很荣幸回到母校，我工作的关西大学有一个相当于国内 985 基地的 GCOE，就是 Global Center of Excellence，是和文史研究院、历史系、史地所的协作单位，我又是在新任院长履任之后作这个报告，非常高兴。我报告这个题目有一个契机，就是在一百年前，在中日五个城市都召开了兰亭纪念会。第一次纪念会是王羲之在 353 年，就是东晋的永和九年，到 1913 年正好是第 26 次癸丑。当时中国刚好辛亥革命发生，中华民国刚刚建立，在北京，梁启超有他的兰亭纪念会；在杭州，刚刚才草创期的西泠印社也有自己的兰亭会，而且有日本社员的参与，像长尾雨山、河井荃庐；在上海也有长尾雨山和吴昌硕一起搞的小型的兰亭会；在日本，京都和东京都有，京都兰亭会，因为我们学校有内藤湖南的文库，整个筹备情况的资料都保存下来的。我们今年也开了展览会，跟西泠印社合作，我自己也出版了一个比较详细的图录，早两年我自己也编过《内藤湖南与清人字画》。这几本都是给文史研究院的，大家传阅一下，最后交还给院长。

我们经常讨论日本文化人对于近代中国的态度的题目，曾经有过很多表述，我今天试图学着《万历十五年》，在一个特定的年度，分析一个极有代表性的日本文化人对于中国文化是怎么看的。在展开这个话题之前，我想先和大家分享下我自己的"六十自嘲"。关西大学创立于 1886 年，有内藤湖南文库，还有增田涉文库，就是研究鲁迅的大家。他非常有意思，在我们学校做教授的时候，去开竹内好的追悼会，在追悼会上就不省人事，所以两人有"不解之缘"。所以他的文库就成为很多学者研究中日关系的切入点。我自己也根据内藤湖南文库写过几部书，一个就是明治的汉学家与中国。我们也开过日中关系人物史的会议，还有我本人也参与中日关系人物志，也试图对东亚的兰亭会进行初步的摸索，发现一些有趣的事实。

我们中国的唐太宗把能找到的王羲之真迹一起下葬了,日本也有醍醐天皇做了类似的事情,朝鲜皇室也在宫廷中开安亭会,也有很多记录。日本关西大学的长崎学始于大庭修对江户时代的研究。过去我们认为那个时代是非常闭塞的,但实际上通过荷兰形成了"兰学"的传统,同时与中国保持了联系。当时中国出版的6000多种书籍,都在这个时期传入日本。我们在中国也申请到了一个"文化交涉"的研究中心。为什么叫作"交涉"呢?通常理解"交涉"为谈判,但是我们是企图避免使用"交流"那种仅仅指对双方有益的活动,而实际上在互动中可能有一些摩擦和伤害。我们认为作为一种客观的交流,应该将这部分也纳入进去,所以在这个意义上运用这个词汇。特别我们运用了文化人类学上的"negotiation",有更广泛的意义,我们是在这个意义上理解"交涉"的。

题外话是,我现在在什么地方都先讲这个部分,算是人生的体验,相信对年轻人有帮助。顾炎武说,我们做历史,要"采铜于山",其实我们已经不可能对历史上某个事件和人物,进行复原了。研究一个专题,当然尽可能搜集资料,但是因为各种原因,我们已经不可能再将资料全部搜集到手,限于自己的能力,也不能穷尽,单是语言就涉及多种。我们就像是透过密密麻麻的树林寻找碎影,我们试图将这些碎影脉络化,拼月亮,自圆其说。只能形成一个自己的结论,不是"人不可知",而是"不可尽知"。除了板凳要坐十年冷外,还要大海捞针,需要"巧思"。没有想到那个点子,就不会到那个地方找,就找不到。我自己就发现在清晨的时候,脑子特别清醒的时候,常常会有豁然的感觉。所以除了努力外,有时候要抓住巧思。然后就是把日本的成语和中国的成语结合起来,日本的成语是如果追两个兔子的话,都追不到。中国则是有心栽花花不开。日本的话意思是,第一个兔子是预设要找的兔子,第二个是找的过程中突然冒出来了,就是我们要找的东西找不到,新的东西却会出来。这时候怎么处理?当然可以继续追求自己的目标,但是新出现的未必不比之前的更重要。在这个意义上,即使是说刻舟求剑也可以,做个记号回头再来追。好像到了三岔路,开始只能追一条,这样轮番追的话也可以的。下一句就是"问题意识勤磨练,点石成金"。我自己在日本带的学生也是这样,找到很好的材料就是提炼不出来好的观点来。所以哲学要懂一些,要有一些专业的学习方法,政治学、经济学,甚至法学。我曾经就试图使用一个法学的概念,而又是内藤湖南使用过的概念。很多材料如果没有问题意识和专业的分析方法,可能就被略过了,其实是你没有看出它的价值和意义。也就是说除了学业的学习外,也要关心当下。本质上说来,每个时代都有自己的真问题。如果是真问题,会在历史上有更高层次上的重复,有这种问题意识和专业的分析方法的话,做历史就会做出好的结论。别人看了之后就会留下印象。即使"历史是任人打扮的姑娘"是错的,但是你要打扮。要别人看过一个好看的姑娘后,人家看过之后有所得,才是一个好的成果,这是我的一点心得。最后一个就是表达上的修辞,所谓"言之无文,行之不远"。为什么史景迁的书卖得好?他的文笔好,可读性强,受众多,容易形成卖点。不是说莎士比亚掌握了两万多个熟练应用的单词,所以可能做出很多选择嘛。那么我的题外话就说到这里。

我想举一个关于巧思的例子。在日本历史上有一个小的谜,日本学者一直没能解读,我做了一个解读。在日本大报上报道吉田松阴是明治维新的精神领袖,当然我们现在看来是有扩张倾向的人。当时怎么师夷长技以制夷?他是日本内阁制度上第一个总理伊藤博文和第三个总理山县有朋的老师,他是汉学出身,十几岁就在藩族那儿讲课了,他又到江户学习兰学,他的老师佐久间象山非常高明的,当时就读过《海国图志》。佐久间象山当时就鼓励自己的弟子偷渡,吉田在1854年4月5日曾偷渡到佩里将军的旗舰上去,但具体的时间我们不知道,我就做了一个这样的考证。

吉田后来在入狱之后在自己回忆录中说,偷渡是在第七个时程,当时日美之间在制度和语言方面都讲不通。当时日方没有英语翻译,美方没有日语翻译,双方是通过汉文、荷兰文来沟通和进行外交谈判的。当时有一个很有名的传教士——卫三畏,后来成为了当时全美最早的中国学教授。他当时已经在澳门待了将近二十年,可以读中文,佩里将军就要带他随行。卫三

王羲之的仆人、熊希龄的顾问——1913年内藤湖南对中国的文化认同与政治指点　179

畏认为自己虽然能读,但是无法用汉文写外交文书,于是就找了一个中国的助手罗森。他们都在佩里的旗舰上。当时吉田爬上了旗舰,至于几点几分,日本是有时辰的,但当时全国没有统一的时间制度,是以主要地区日出日落来划分的,美国当然是有的。我当时有一次突发奇想,想到应该有航海日志,我就到华盛顿去查了美国的海军部档案。找到一个很大的本子,一个人捧着都很累的。因为这一天我是知道的,就找到了一个偷渡的故事。这天正好有这个记载,就记载了他们就是两点四十五分爬上去的,待了四十五分之后,他们偷渡上船所用的小舢板就飘走了。在佩里将军的要求下,用旗舰的小艇把他们送回了岸边。他其实在前几天写了《投夷书》,说是读了中国的《万国公法》,觉得世界大变,要走出日本,周游五大洲。他说:"我们有国境,如果自己被偷渡过去,就会被砍头。如果我被砍头,你们的仁厚爱物之心也会因此受到伤害。"最后这个事件就考证清楚了。虽然是一个小事情,但是因为他是很重要的人物,而且当时佩里将军对他有很高的评价,说日本有这么一个对外部世界充满好奇的年轻人,以后一定有很大的发展。后来也确实感动了将军。不过当时佩里却是婉拒了,说现在日本还在海禁,以后一定有机会到美国来的。而且我们发现他只背了一个小布袋,有四本书,有《唐诗选掌故》、《古文孝经》和两本荷兰文的字典。他认为这是他需要学习的东西。

　　我们知道在日本的历史上对于儒学的传统有过非常高的评价。我想在中国的体系中也没有这么高的评价。比如说涩泽荣一晚年时有一个醒悟,认为不光要打算盘,也要讲经济伦理。当时孙中山在日本,第一个接济他的是犬养毅,后来在孙中山的灵柩移到中山陵的时候,据说他是最后一个将手放在上面的人。仪式结束后他到曲阜拜了孔庙。在某种意义上,他是一个作为政治家的角色。虽然也对于中国有过野心,但是和右翼势力不同,是主张经济开发。"九·一八"之后他被推举为总理,也算是对中日的经济交往作出贡献。他尝试绕过右翼和军部,在总理任上半年就被枪杀了。我们知道战后有一个首相也去过孔庙,下面言归正传。

我用这个名字试图表达一个什么意思呢？我们过去说起日本对于诸子百家的中国，也就是对 classical China 非常崇拜，对于近代中国的落伍非常歧视，所以我在自己的研究中也说他们是仰视古代中国，俯视近代中国。我正好是找到了好的资料，内藤湖南在这一年春天写了《兰亭会》，秋天写了《支那论》，尤其后者我们通常认为是一部比较学术的著作。且当时已经有了他成名的论断——"唐宋变革论"、"宋代近世说"的雏形的学术著作。其实这不光是一个学术著作，更是给他在清末的老友，在民初作了总理的熊希龄的一个政治建言，是这么一个性质，这些都可能从内藤湖南的资料中坐实。

先说第一个，就是文化认同。我们知道辛亥革命之后，中国文物很多流向了西方，也有不少流向了日本。比如罗振玉和王国维将 20 多辆大牛车的资料拉到日本，害怕受到革命的破坏。当时，到日本的还有《唐拓十七帖》，现在考证可能是"宋拓"，当时日本的印刷技术比较高，有珂罗版等印刷技术。正是在《唐拓十七帖》的跋文当中内藤湖南说到自己"甘为王右军仆役"，有这么一句话，是他 1912 年拍的照片。实际上他从 1912 年开始就陆续为流到日本的碑帖题跋，所以他后来自称是"题跋专门家"，"二三年来，此等碑帖先后景印行世，余皆亲衡量以董其役。报本之愿，聊得遂焉，亦一段翰墨因缘也"（图 1）。这里他用了"报本之愿"，是对一个宗族或家族的祖先知恩图报而举行祭祀追念时的用语。内藤使用此一词语，其实是将王羲之认作自己所属的汉字文化圈的书法艺术的始祖，这是可以成立的。五个城市举办了兰亭会，最早的是日下部鸣鹤举行的兰亭会，当时也给内藤湖南写了邀请信。我们学校的前身泊远书院当时的院长已经八十岁了，他收到邀请信后，觉得自己可能由于身体关系去不了东京，就写了一首诗，将王右军跟乾坤联系起来。就是说日本人有时候会有一番奇言，好像中国人也不太使用的，来表达自己的想法。他当然是比较保守的儒学家。

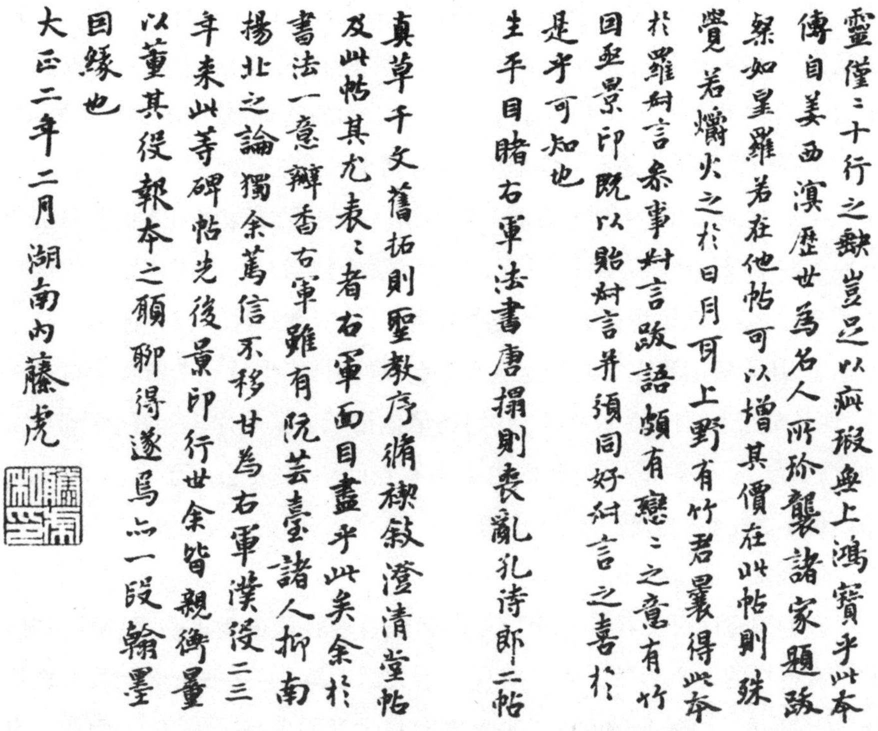
靈僅〻十行之缺豈足以疵瑕無上鴻寶乎此本傳自姜西溟歷世爲名人所珍襲諸家題跋粲如星羅若在他帖可以增其價在此帖則殊覺若爝火之於日月耳上野有竹君曩得此本於羅叔言參事叔言跋語頗有戀〻之意有竹因亟景印既以貽叔言并頒同好叔言之喜於是乎可知也

生平目睹右軍法書唐搨則喪亂孔侍郎二帖真草千文舊拓則聖教序禊敘澄清堂帖及此帖其尤表〻者右軍面目盡乎此矣余於書法一意瓣香右軍雖有阮芸臺諸人抑南揚北之論獨余篤信不移甘爲右軍僕役二三年來此等碑帖先後景印行世余皆親衡量以董其役斯本之願聊得遂焉亦一段翰墨因緣也

大正二年二月　湖南內藤虎

图 1　上野理一藏《唐拓十七帖》内藤湖南跋

此外，当时的梁启超刚刚结束亡命十三年半的流亡生活。1912 年 9 月，他回到中国，后来主要居住在天津的租界。他住在饮冰室，办了半月刊的杂志《庸言》。过了五个月之后，1913 年 4 月 9 日他就举行了兰亭会，说自己是偶然起了风流之心，要跟王羲之进行对话。当然我觉得他除了在书法上的爱好外，还有其他的原因。因为他刚刚从日本回国，想聚集自己的亲朋好友和政治力量。后来他就成了熊希龄的内阁成员，进步党的势力，担任司法总长。11 日是杭州的兰亭会，现在这些墨迹藏在西泠印社，其中有一半是吴昌硕写的。京都的兰亭会是做得最地道的，他们就是为了做得像样，就分了两天做。第一天是祭祀王羲之，为了表示郑重，他们第一是从兰亭拓来了王羲之的神位，第二是专门派人打来了兰亭水，用十二个啤酒瓶装起来，在 4 月 1 日到神户再到京都，其中一个环节点茶，一个是挥墨。而且非常仔细，绝对不能找一个不可靠的人。所以做了很仔细的安排，选了一个很可靠的人，真的是到了兰亭，还找了一个年少的人——铃木豹轩作了祭文，他后来就到中国留学了，一生中写了一万多首诗，相当于中国的陆游；罗振玉也写了祭文。京都兰亭会做得地道还有一个原因，是有两个长期居住海外的人参与：一个是长尾雨山，他1903年到上海商务印书馆做顾问，清末很多日本的教科书印行后就在中国的小学堂用；另一个是山本竟山，他当时在中国搜罗了很珍贵的碑文，问杨守敬说我花这些钱是否得当呢，杨守敬则称："你自己都已经是专家了，还干嘛问我呢？"我们这次在办会议的时候，也请一个留学生打来了水，他是杭州人，外婆家在绍兴，我们还请他拍了证据照片，不能随便到什么地方就行。带兰亭水入境，我们也觉得有点问题，真是去问了日本的海关，所以也不算是犯法。我们这次也邀请了28个人，因为兰亭序有28行，日本有时候会做到非常细小的模仿。

我们现在回过头看一下为什么内藤说自己甘愿成为王羲之的仆役呢？它是有这样的一个背景。清中期有一个大学者阮元，在书法史上第一次提出"北碑南帖"的分派学说。后来杨守敬将大量的碑拓带入日本，因此东京的书法家比较信服他，所谓"扬碑抑帖"。而内藤湖南则不然，他更赞同南帖派，不仅因为王羲之更有名，而且内藤年轻的时候就摹写过《兰亭序》，认为日本书法界不应该跟风，把北碑捧得那么高。吉川幸次郎作为他的学生曾经指出，"关于书法，先生还有超越中国人、为其所未为的一种意思。不太喜欢颜真卿、苏东坡之后的书法，而推崇更早的二王（王羲之、王献之）。还经常提到，比起中国，日本保存的二王真迹更全。先生的意识里，有一种类似清朝兴起的中世主义倾向，这在先生自身的艺术活动中得到躬行实践"。就是说他还有一个和中国人较劲的想法，提到比起中国，日本保存二王的真迹更全，虽然是一种文化的认同，还有强调日本的收藏的想法，觉得更加不应该跟扬碑抑帖之风，我们才是根本的源头。这其中还是有非常丰富的内涵的。

第二个是讲他的政治建言，就是指点江山激扬文字。实际时间是在自己的老友熊希龄做了总理之后。从熊希龄做总理前2个月,到1913年11月到12月之间内藤做了口述——不是自己执笔去写。他的很多著作都不是自己写的,都是通过口述。他全集中的很多著作都是学生的听课笔记整理而成的。他上课的风格就是抱着一大堆的书,然后用一个"風呂敷"这样的包袱包着,到了课堂上讲,讲到什么就翻出来念,然后接着讲。这本书他是请一个速记记者来记的。为什么说这本书不是一个纯学术的史论呢?是有坚实的史料依据的。这就说到我们看史料不能只看史料全集,而要找到史料的最初形态。在内藤的全集中并没有收录他的部分书法作品。他从顾炎武的《天下郡国利病书》、《日知录》,写到黄宗羲的《明夷待访录》,而最后之所以会写熊希龄,因为他非常重视熊希龄的理财手腕,认为是中国清末民初最杰出的理财专家。从熊希龄在1909年任东三省清理财政总监理官,民国成立后成为第一届内阁的财政总长也能看出其才干。这也是当时中国的共识。

那么熊希龄也是一个蛮有意思的人,是湖南凤凰人,是时务学堂的总理,梁启超也是他请去的。当时六君子在菜市口砍头,他后来追忆,本来要上京,因为拉肚子没有去,否则也会成为戊戌七君子。戊戌维新中,熊希龄曾是变法派,在变法失败后本来应该"永不叙用"。而他之所以后来可以摆脱变法失败的阴影,是因为他在家乡办了很好的实业,刺绣和砖瓦厂等。随后被清末的两个大官看重。第一个是端方,我想如果端方不死,可能历史要改写,因为袁世凯不能爬得那么高。但他做了一件错事,就是太现代化了。在西太后出葬时候,他要求全程拍摄,后来拉电线杆取电被保守派参了一本,如果他不是太现代化,后来在保路运动中被杀的话,可能会改写中国历史,因为他是清末皇族中比较有远见的一个。另一个人就是赵尔巽,后来就把他的"永不叙用"给拿掉了,熊之后就"步步高",被调到奉天去做农工商总办。

内藤去东北调查间岛问题时,就找到了熊希龄,两人交往比较深。这一点在内藤湖南的《支那论》序言中也有交待:"支那的时局宛如走马灯,正在急转变化中……目下居于权势中心的袁世凯也没有一贯的政策……虽然内阁总理熊希龄等可谓其中具有一贯政策的人物,其一贯的政策能否获得贯彻,实为目下的疑问。不仅如此,熊希龄的政策实际上似乎是要将在清朝末年所思虑者原封不动地试行于革命之后的今日。我跟熊氏颇有交情,在十年前就当时支那的救亡策交换过一些意见,对其见识是赞赏的。"

内藤湖南本人还有一个特点,而我们现在还没有仔细研究,就是他对财政史很重视。他在台湾被割让后担任《台湾日报》的记者,就发现日本在拿到台湾之后没有了解到台湾的收支情况,而是到了第二年才从福建那里找到了账册。他认为要统治一个地方,不了解财政不行。他主张在日俄战争期间对满洲的财政进行调查。我们现在不熟悉这个历史,似乎只知道"落后就要挨打",其实当时我们的改革派都是站在日本一边的。当时一个亚洲的国家打败陆军最厉害的国家是得到了正面评价的。总的形势是,英俄争霸,日本打了一个代理战争,这么一个历史背景。内藤觉得熊希龄有这个财政手腕,这也是他很看得起熊的原因。另外最重要的一条史料是,1912年内藤在奉天做调查时,奉天的一个官员笔谈时记录了这样一段话:"贵国此日形势岌岌,弟与财政总长熊秉三交态甚密,欲一为言之,但此时公事甚忙,未能赴燕见伊耳。"(图2)也就是说在熊做财政总长时,内藤已有建言的愿望,当熊成为总理之时自然不在话下。我试图说什么?我们不能只看已经变成全集的史料,还要看原始版本。搞历史的研究,就是要找到真问题,找到真问题论文就做成了一半。

最后一个问题就是,我们看他在口述《支那论》的时候,是一个自认为足智多谋的顾问为熊希龄出谋划策,我们写过书的时候都知道最后才写序言。他在写书的时候非常心平气和、侃侃而谈。而到了第二年三月,他为本书写序的时候,用我们现在的话说,竟然爆了粗口。他称,近日的油田和治淮工程导入外资,简直是不承认中华民国成立的一种借款。他说我本来是要设身处地地为中国人着想来写这本书的,到了现在这个情况,我根本没有必要来写了。而且中国甚至有可能会出现一个新的都统衙门,就是八国联军签订辛丑条约后的那个都统衙门,是这么一个情况。

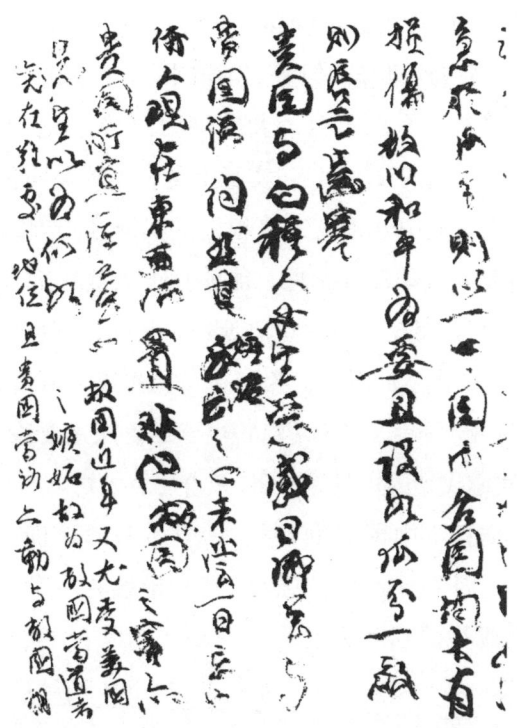

图 2　1912（大正元）年奉天调查时的笔谈记录

他这番言论在中国和日本都激起了一些反弹。他说得这么激烈,这是为什么呢? 过去的人也没有进行过研究。其实是因为日美在华的竞争。当时中国把陕西省油田和热河省油田给了美国石油公司开采,冶炼工程包给了美国红十字会所联系的一个公司,这里面其实有当时袁世凯、熊希龄、张謇等人远交近攻、预防日本的想法。因为美国对中国比较友好,所以会有这样的意图。其中很妙的是,就在内藤在京都写序言之时,当时在北京的日本驻华公使走访了熊希龄,虽然当时熊已经下野——他的内阁也是短命内阁,但仍是开采煤矿和石油的总办。公使质问他为什么把油田的开采优先权给了美国,熊也堂堂正正地回答说给哪一个国家来开采,是我们国家的权力。而且说在清末的时候,中美也已经洽谈过这个项目,这只不过是把前清的项目做到位而已。我们知道在前清 1909 年,中国曾经有一个使船到美国,准备把中国的马尾给他们建基地,加强中美关系。后来是没有搞成,但是也因此开启了庚子赔款办清华,派遣中国留美学生。在此之前,中国的外籍教员中,日本教员差不多占到90%。但是到了清末,留美留俄的教员都回来后打了个平手。当时日本只拿到了台湾和南满洲,在关内还没有正式的地盘。比如在上海虽然有所谓的日本租界,实际上是日美的共同租界,俗称日本租界而已。所以他们对美国开采离北京很近的热河油田,和离北京也不很远的陕西油田和治淮工程非常有意见。能够拿下来这三个大项目,对美国石油公司、美国红十字公司在中国建立地盘是有利的,所以日本对这一点是非常的警惕和记恨。这点从同时代的报纸也可以看出。所以我认为史料不能只看全集,要看初版。不仅要看印刷品,也要尽可能地看原始史料。当然即便如此,我觉得我们找到的也只是碎影,跟着碎影来拼月亮。

最后来谈一下日本中国观的特征,中日本身属于同一个东亚文化圈中。20世纪初期,因为日本比较强盛,其言论就有一种为地区代言的状况。比如说后来成为国际联盟的新渡户稻造当时写了《武士道》,美国的总统老罗斯福(Theodore Roosevelt)买了30本,5本给他的5个子女,25本给他的亲朋好友,表明他当时认可处于上升阶段的日本。又比如说禅宗虽然是中国的原产,但是铃木大拙当时作为强国的佛学者,在世界各国讲日本佛学时用日本式的发言"Zen"说"禅",后来虽然有一些中国学者试图用"Chan"代替"Zen",不过直到现在还扭转不过来。西方主流英语学术界,还是用Zen,而不是用Chan。同样的,现在中国逐渐强盛起来,所以文化的影响力也不一样。当时在西方文化非常强盛的时候,内藤他们能够对东方的文化艺术进行宣扬,比如将书法作为东方艺术非常经典的部分来肯定和宣扬,其实对于当时中国十分有益和难得。尤其当时对于中国的态度普遍发生了转向,除了个别有远见的保守派人士外,都开始对中国文化丧失自信。在这种情况下,他们自称为"敦煌主义者",实际起着为东亚文化代言的积极作用。

说到内藤本人对中国的态度由热转冷的国际契机,其实又回到了上面提到的日美在华影响的消长,但他还主张日中亲善论和庚款办学论。孙中山去世后,他也发表过《两国国民性的理解与日支亲善》的文章,认为中日应该相互尊重,日本人不应以中国人缺乏国家观念和爱国心而加以鄙视,中国人也不应以日本人不懂友情和不讲义气而加以鄙视。"总之,双方都要理解各自的长处短处,不应只以自己的标准来判断他人,而要以对方的标准互相考量。相互之间不失尊敬心,则两国国民的交际必能于此带来新的进步。"非常讽刺的是,中国人的爱国心正是因为"二十一条"和30年代侵华等事件所造成的。我们知道美国有一个哈佛大学毕业的教授写过一本书叫作《走向救亡》,就是说中国人的救亡和爱国心主要在抗日战争中形成的,即使是"二十一条",也主要是在知识分子中间形成的。

最后就是讲他的一个趣闻,他们当时除了办兰亭会,在1915年办了清朝书画展,还有寿苏会,出了一大本的东西。1917年内藤到中国来访三个月,最后一站去满洲之前,曾在北京逗留了很长时间,将近半个月。当时华北发大水,京津地区收藏家们纷纷拿出自己的收藏来义展(图3),展品每天都轮换。因为展品很多,内藤天天去看,他看到了苏东坡的《黄州寒食帖》,但却没有看到《成都西楼帖》。这时候距离下一年的寿苏会阴历一月十九日已经很近了,他觉得一定要看到此珍宝才能在接下来的集会中增加谈资,所以他就雇了一个翻译前往翌年成为大总统的徐世昌家。因为徐世昌是袁世凯的心腹,翻译开始觉得内藤拜访政治家,不过谈些天天在报纸上看到的时事政治,翻译起来应该很容易。没想到访问了三个小时,只谈了一刻钟的政治,两个多小时谈《成都西楼帖》——现在藏在天津博物馆。西楼苏帖的特点是苏东坡的各种style(风格)的书法集成在一个帖子里面,要翻译是不容易的。翻着翻着翻译就觉得,这是出力不讨好的事情,但又不便发作。终于他找到机会去特意发作他的不满,他说:"你今天是访问古人苏东坡还是今人徐东海?"引得三个人哈哈大笑,内藤湖南在他自己的汉文作品中将这一轶闻记录下来。他对中国文化的痴迷程度也可见一斑。我先讲到这里,剩下的留给同学们提问。

图 3　寿苏会(1915—1937)·丁巳 1917

提问与回答

陈正宏：

陶老师今天的讲座已经远远超出他题目当中的限定，我也还没有很好地消化。这样，还有一点时间，我们先开放给同学们提问好吧？你们先有什么问题给我们讨论一下的，尽量提吧！

陶德民：

院长，不好意思，我刚才提了一个建议啊，就是这个 handout(讲义)不要只在我的手里捏着，希望能够拷贝；这是我的建言。我在国内很多场合讲过这个问题，希望能将讲义发给每个学生。

学生：

您编的那本《清人书画》，里面有一个资料我很感兴趣，就是1919年罗振玉他们回国内的时候，犬养毅那些人为他们送别。我注意到《罗王往来书信》里有内藤湖南1917年在中国游历的时候提到，表面上看好像罗和内藤湖南的关系不错，其实有很多讽刺的地方。罗大概认为内藤湖南有军方背景来内地考察动机不纯的意思，这个您怎么看？

陶德民：

对，这个已经有人考证过，我考证过一些，另外大阪大学的一位深泽一幸教授考证得更加仔细，他的文章是在一个论文集当中，叫作《中国学的十字路口》，就是说这件事情。我的一个认识是当时日本大发第一次世界大战的战争财。因为欧洲当时一片火海，欧洲大家都向他买军火，日本赚了很多钱，但是这些钱又花不出去，所以就借给了段祺瑞。有一个很有名的西原借款，就借了两三亿。当时的一日元相当于现在的一千日元，就相当于两三亿的钱就借给中国了。那么他借给中国当然是着眼于借给政府的钱不会还了，但是他还是要看到借钱的效果。所以开头准备派一个有影响力的犬养毅来，但是犬养毅是个很知名的政治家，容易树大招风。所以后来就好像是改派两个内阁议员和内藤湖南一起来。大概的背景是这样，具体的情况你可以看一下我的论文当中，特别是深泽一幸那篇文章，他也用到了罗王来往书信。其实我说的这段故事也发生在这三个月的考察之中。

老师：

我这只是一个小小的点评。非常感谢陶老师对日本的结集的一个梳理，因为我觉得在国内对于1913年关于日本国内结集的梳理是没有看到过的。而且王国维的年谱长编里就是写到很短的一句，但是材料是非常不全。所以我看到您做了这么详细的梳理，是非常难得的。刚才您讲到日本的这样一群文人的集会对于中国文化的想象，您也提到当时在国内也有很多次这种文人的集会,比如梁启超还有西泠印社。那么兰亭结集的意义对于每个人是不一样的,譬如说您提到梁启超,实际上梁启超是专门写过一首诗,这里面截取的是王羲之的报国的意愿。我觉得您一个非常好的视角就是,在海外、日本的这样的一个对王羲之和对兰亭集会的非常不一样的文化意义(的阐释)。

陶德民:

对,梁启超当时是有一种思古之幽情吧,就是说当时他今之视昔。将来的人看我们,和我们看过去的人是有相似之处的。天生我材必有用,我觉得他是动了风流之心,也是他想要动用他政治影响力的表现。因为他刚刚回到国内,希望集聚他的亲朋好友,成为他改革中国的响应者吧!后来他果然替代了熊希龄起草了大政方针,而且作为中国近代的新式政治中内阁成立之初先公布的大政方针,其实和内藤湖南一样。日本在成立内阁之初,内藤湖南当时被日本国务院秘书长邀请,也参与了代笔起草大政方针。当时梁启超也戴着瓜皮帽,穿着中式长袍,大概在1903年前后去过内藤湖南在京都的家里。在戊戌变法失败之初,他也在日本报纸上发表了对于梁启超的同情,但是他是很不理解,为什么梁启超会拜在他的仇人袁世凯的手下做大臣。他不能理解中国的政治生态,过去好像是追杀他的,现在做他的臣子,这个情况。

陈正宏:

时间也差不多了,我就最后讲两句吧。我今天是承杨志刚院长之名来勉力担当主持,其实对于陶老师的学问我是没有资格评论的。但是我之所以担任这个主持,主要是11年前陶老师照顾过我。中国的朋友之谊说起来,是必须要出席的。最最主要的是,陶老师还是触到了我的一个兴奋点,就是内藤湖南。我11年前去关西大学,原来根本不知道内藤湖南,就是在座的徐静波教授(我原来古籍所的)在我出发之前送我一本很好的礼物——《内藤文库汉籍古刊古钞目录》,我才知道那里有很多线装书,而且很多是汉籍。大家知道关西大学真是有钱,把内藤湖南的所有书都买下来,不光买书,还把内藤湖南的房子都买下来了。我先看书,看完之后我觉得这个人真是太有意思了。然后看到内藤湖南之后,我更想看看他的墓。非常有意思的是,原来关西大学的副校长,他知道墓在哪里。我就找到了,还拍了照。后来我就跟关西大学的领导说,我要到内藤湖南的房子里住一晚,而且果然就申请成功了。我跟井上教授策划住了一夜,跟小型出差一样,我们晚上一起读内藤湖南的汉诗。我向播音员一样给他们朗诵,所以那个时候我就特别喜欢内藤湖南。但是后来我越看他的书,我就越是害怕,就是今天陶老师讲的,一方面王羲之的仆人,对于中国文化的透彻的理解和深切的热爱,作为一个中国学者来说,真是自叹不如。但是我越看越觉得他可怕,第一个问题就是到文库里去借书,找到三册四库全书,是沈阳文溯阁的藏书,我当时就用邮件给我们学校图书馆,说你去问甘肃图书馆这书有没有。过两天告诉我说真的没有,这就是他二十年代去沈阳的时候弄来的。你现在说的问题,就是他当时跟熊希龄这些人的关系,"偷"是不可能的。

陶德民:

他这个是当时买通的,就是我在文章中考证的。叫作机密费,就是到了什么关头要用来买通的钱。所以他当时买通过,就有机会拿到这些书。

陈正宏:

估计还是个幌子,背后还是有别的目的。所以回过头来,再来看内藤湖南,真是很典型。我以为他跟我一样是玩玩书,其实不是,他是报人出身,所以刚才说他爆粗口,那个是本性,就是那种他写了很多的社论,是锋芒毕露的感觉。另外一个,他不是科班出身的人,所以他在京都大学获得的地位确实完全是靠他个人的努力,跟一般的我们从本科到博士完全不是一个路线,他的野心是非常大的。所以他后来在《支那论》中探讨的问题,就代表了日本当时国民的整个心态,就是中国不行了,但是中国的文化本身是很好的,所以日本应该站出来,领导东亚,甚至领导全球。所以日本人这种观念里面非常有意思的是,一个是要脱亚入欧,不能像美国人一样,老子强了就是要打你怎么样。他还要讲自己的文化,这个就是根在哪里。拿着中国的东西,但是实际上和中国讲和谐这个完全是不一样的,而是要吃掉你。所以作为这样一个代表性的人物,现在的研究是很不够的。现在日本的研究,陶老师他们的研究可以说是非常到位的研究。是从一个世界的眼光来看这个时候的日本到底怎么样看中国,日本到底想干什么,这个角度才能够看出东亚复杂的关系。我觉得现在讲到内藤湖南,真的是触到我心里的兴奋之处了,我回忆起非常多的 11 年前的事情。但是 2008 年我又去,我跟井上说了我们再去。现在我们看下来关于内藤湖南的研究,一方面确实不如日本做得深,另一方面,中国人自己的角度看的东西,很多还是跟着日本后面走,而不是站在自己的角度或者世界的角度研究。

另外一个非常有意思的,就是刚才陶老师说的兰亭的东西,就是最早的中国 party(聚会),当然我们也不知道王羲之是不是有政治的目的,我们现在是认为是比较单纯的。民国初年的上海包括全国的雅集是非常多的,但是当时很多是复辟者的乐园,形式都是这样。所以我们现在开学术会议也是类似的形式,比如从中国的角度都是值得研究的。

最后我想说的是,今天陶老师讲的很多东西我都是不了解的,因为他原来是研究日美关系史,所以相对我们来说视野更开阔。在中国是做日英关系,在日本是做日美关系,在美国的时候也是做日本史,而不是中国史,这是最牛的。最后一个,这样的问题还是有很大的现实意义的。他没有讲很多,我发挥一下,或许有发挥错的,陶老师多担待。中日关系是非常重要的,这个里面文化的纠葛,大家都知道邻居特别好的是有的,现代社会里邻居是不来往的,大家守一个底线就是井水不犯河水。大家知道一个国家的文化人,如果有志向的话,应该站在什么样的立场建什么言是非常重要的。

其实今天陶老师讲的东西给我们一个很好的例子。内藤湖南的野心实在是太大了。他认为自己可以代表日本,或者日本可以代表中国和东亚,这个退一步讲,作为一个文化人,守住自己的底线还是很重要的。玩玩兰亭,对文化的积淀有益,如果真的对政治有抱负的话,也应该在合理的底线里发挥,尤其是相对来说不是太负责任。回到中国传统,好像不是读书人应该做的事情。读书人应该劝架,以和为贵,另外读书人应该讲长远的考虑。政治家可以讲现在的东西,政治家下面的公务员是讲今天的东西。所以整个的文化层次上看,怎么样守住底线,怎么样从学者的角度做一些事情啊,内藤湖南的事情我觉得是一个非常深刻的教训。但是从日本的角度上讲,他们可能还会觉得他是一个英雄。但是我们站在更高的层次上讲,学者或者说一个大的学者,到底应该承担一个什么样的责任,真的是应该好好反思。

陶德民:

我再补充一点,就是我刚才提到研究历史,要有各种专业的知识,比如政治学、经济学、法学、伦理学、哲学等等。我那本《明治汉学家与中国》,贯穿的一条线索就是内藤湖南在中国袁世凯死后用过的一个"监护人"这个词,就是日本这个词叫作"後見人",我们知道就是说年幼的,他还不能自己治理自己的事情。或者是年老的,不能自己治理自己的事情。或者是身体有问题,不能自理的,是吧。内藤湖南用这个词时,是指中国在袁世凯死后群龙无首不知道怎么办,日本是希望中国成为他一个稳定的市场,不希望中国乱。又试图在跟美国竞争中,占到主导地位。这么一种情况下,日本有没有可能出来做"後見人"。那么这个当然是内藤的想法,但是我们也要知道当时国际上比如说埃及正在受到英法两国的保护,那也是在 1912 年。当时世界的列强对于自己可以拿到的猎物都是希望进行一种所谓的监护,是这样一种形态,是当时一种游戏规则。其实再追溯上去,中国历代朝贡体系也有一种对周边国家监理的意思,是不是? 所以日本这个国家,通过我二三十年的研究,我觉得他既吸收了西方殖民主义的部分,又吸取了中国前近代的朝贡体系的内容。比如在把琉球变为他的一个县之前,先把他变成一个藩,发一个册封诏书,在吞并朝鲜之前也是先发一个册封诏书。他的这种统治其他国家的方法呢,一个是来自中国传统的,一个是来自于近代帝国主义的殖民主义的传统,两者的结合,这是他的一个特点。

陈正宏:

但是好像主要还是西方的,中国的那个主要是作为一个幌子,中国那时统治周围藩国的时候,没有你还不服的时候就把你吃下去,有倒是可能有,但是恐怕不多的。中国人还是等到你心悦诚服之后再归顺的。

陶德民:

对对,我就是说"监护人"这个词原本是中性的,正因为你是监护他,为他代理,你也可能为自己谋利,没有守住底线,可能就过去了。这就是一个法学概念在史学方面的应用。但是这个应用又不是我们后来加上去的,而是他们自己使用的。

陈正宏:

最后再以热烈的掌声感谢陶老师,感谢文史研究院邀请了陶老师,也感谢各位前来。谢谢!

刘亚娟　整理
陈妤姝、梁辰雪　校对

南戏四大声腔与花部乱弹

演讲人：郑培凯
主持人：杨志刚
时　间：2013 年 12 月 10 日

郑培凯

香港城市大学中国文化中心主任(1998创立至2013),现任客座教授。台湾大学外文系毕业,美国夏威夷大学历史学硕士、耶鲁大学历史学哲学博士,研究领域为中国文化意识史。著有《汤显祖与晚明文化》、《真理愈辩愈昏》、《行脚八方》、《流觞曲水的感怀》、《树倒猢狲散之后》、《茶道的开始:茶经》等多种;编有《口传心授与文化传承:非物质文化遗产》、《陶瓷下西洋:早期中葡贸易中的外销瓷》、《普天下有情谁似咱:汪世瑜谈青春版〈牡丹亭〉的创作》、《茶书隽语》、《文化认同与语言焦虑》(合编)等,主编《九州学林》。

杨志刚 复旦大学文史研究院院长、教授,主要研究领域为中国古代思想文化史、文化遗产与博物馆学。

南戏四大声腔与花部乱弹

杨志刚：

各位同学，大家下午好，我们今天下午的讲座开始了。今天我们请郑培凯先生给大家讲"南戏四大声腔与花部乱弹"，郑先生是香港城市大学中国文化中心的前主任，但他这个主任不一样，是从1998年创建一直任职到最近。他在那边的事业真的是红红火火，成为世纪之交华人文化圈里的一道文化景观，复旦大学的很多研究人员，都投身在郑先生的麾下，一起在这个中心工作。郑先生也是文史研究院的老朋友，或者更确切地讲，是自己人。郑先生从我们文史研究院创院开始就担任我们学术委员会的委员，从第一届一直到现在第三届。郑先生的研究范畴包括中国文化意识史，涉及艺术思维，艺术创作，艺术欣赏、评论，文化思维的关系和文化美学等等。我们说郑先生是学贯中西，那是毫无问题的。但我还要补充一点，郑先生的学问所跨的领域是极其宽泛的，从思想意识到制度，还从物质的遗产到非物质的遗产。这次请郑先生到文史研究院来讲课，明天的一讲涉及的是物质遗产，谈的是外销瓷，今天是非物质文化遗产，是 intangible culture heritage，像这样的跨度，我们见到的不多，非常难得，那么下面我就不再多说了，就请郑先生开讲吧。

郑培凯：

谢谢杨院长，刚刚杨院长的介绍好像我跨度很广似的，其实我接触的东西挺简单，我对明朝以来整个文化的发展比较感兴趣。而且我兴趣比较浓厚的领域是跟艺术有关的，原来我是研究思想史的，之后我对整个文化发展中艺术所投入的东西有多少比较有兴趣，所以才会接触到物质文明这一块儿。因为物质文化里面很多不是士大夫参与，而是当时的工匠参与的，所以这样的话它的文献材料就会比较少。非物质文化传承这一块，经常由当时的艺人、一些没有受过学术训练的伶人来传承，他们的文化程度可能不足以把自己的艺术心得记录下来，所以这就比较难处理。我时常说我是自找麻烦，凡是困难的东西我总是想自己去搞明白是怎么一回事，但不一定弄得清楚。所以这次来呢，也是想跟大家交流，就教于各位。

我想有很多老师和同学可能对戏曲的声腔很有兴趣，对于声腔我其实是个外行，我要先讲清楚。有些东西，因为它有历史文献记载，加上文化传承它有一定的逻辑，过去的人讨论得不清楚，所以争辩非常多，对于声腔发展的争辩尤其多，不同的学者有不同的意见。不过我自己读文献的时候发现，这些问题有时候可能是他们对文献理解偏颇造成的。所以今天我会跟大家讨论一些研究戏曲史时会经常接触到的文献，这些文献我的解读是什么样的，放在非物质传承的认识上，我们怎么看。那样的话可能对南戏四大声腔与花部乱弹的发展，有另一个理解的脉络，所以今天我大概讲的是这些。

首先我要讲的，所谓"南戏四大声腔"这个说法本身就有问题。可是我们看戏曲通史也好，研究南戏的也好，经常说的就是"南戏四大声腔"。什么叫作"四大声腔"，等会我们讨论了会知道，这里的问题非常多，到底有几大声腔，很难说，谁是大，谁是小，都很难说。而且在不同阶段，有不同的声腔变化，这个也都有很多模糊的地方。所以我们研究的时候需要把这些模糊的地方、断裂的东西讲清楚。搞不清楚的就是不清楚，有时候说不清楚反而是把事情讲清楚了，不能硬套上"四大声腔"，那其实是模糊了真正的历史痕迹。南戏四大声腔发展到昆腔,变成昆腔水磨调这种最主要的腔调,后来出现花部乱弹,这种说法我们在青木正儿的《中国戏剧史》里已经看到,大概的脉络是这样,但什么叫作花部乱弹,其实乱弹就不是雅部,是乱七八糟部。昆腔水磨调变成正统唱腔之后,其他的就不行了。我们知道京戏也是属于花部乱弹的,后来到民国以后才成为国剧,这种变化里面其实牵涉到不同时代的解读、不同时代的历史的认识。这种历史的认识,我们学历史的,讨论文化意识史,要把它理清楚,这个是我今天主要想跟大家讨论的。

有关中国戏曲,很多人讨论到中国戏剧的起源是什么时候,我们要讨论的戏剧,是规模比较完整的戏曲,这在中国出现比较晚。所以定义上不加限定,那么就宽泛了。比如中国古代的祭祀就有许多表演,如果说这是戏剧,比如将汉朝的鱼龙漫衍也说成是戏剧的话,那么我们的讨论就不能有交集了。所以我要讨论的是我们现在认为比较完整的——就是有故事、有情节、有人物、有冲突发展、有起有合的东西,这是我们要说的戏剧。不是杂耍或是小品,为什么我要这么提呢？我记得很清楚,有一次在台湾,在一个大的国际研讨会上讨论中国戏曲,一位研究中国美典的退休的老教授——高友工先生就讲到中国戏曲的美典问题,他说中国的戏剧发展得比古希腊晚,后来引起台湾本地一位民族主义非常强的爱国学者的极力反对,说古代也有很多戏剧的雏形,说他这样讲有辱中华民族的光辉形象,我们的戏剧不比古希腊晚。他讲得不一样,我们讲中国戏曲,比较完整的出现是比较晚,所以一般而言,我们讲中国戏剧,还是从宋金杂剧到元杂剧,再到南宋之后南方戏文比较完整地出现,这跟古希腊是不同的。古希腊的戏剧跟宗教信仰、跟政治结构关系非常密切,研究古希腊史诗,史诗基本上跟古希腊悲剧是联系在一起的,它是讲故事的,整个故事的完整性、人物的完整性,这在西方的传统很早。亚里士多德诗学讨论的就是史诗和悲剧,整个故事呈现、人物呈现完整性的一个结构。中国古代祭祀仪典和人物情节关系不大,中国古代当然是有娱神（杀牲、祭典）的、也会有娱人（鱼龙漫衍、杂技）的,那不是我们讨论的东西,我们今天讨论主要从宋金杂剧、南宋戏文这个脉络开始,大约有

1000年的历史。我今天主要跟大家讨论的是其在明代的发展。

有关南戏，大概是跟南宋北方中原的上层精英南渡到南方来，跟地方上的小曲、歌谣表演交汇发展出来的，比较受人瞩目的是文化在这个地方发展的形式比较完整，所以有"永嘉杂剧"、"温州杂剧"、"戏文"的说法。这个跟北杂剧不同，我们知道元杂剧是四折为主，唯一的例外是《西厢记》，现在还有学者争辩，甚至有人说王实甫大概不是元朝的人，但是可以有例外，历史上都是可以有例外的。我们知道南方的南戏跟四折体的北杂剧很不同，它经常是很长的，而且表演的角色经常不同。北杂剧一般一折是一个主角，戏文不是这样，生净旦末丑的各种角色比较复杂，在同样一折里经常同时出现，这是形式不同。学者从音韵的角度研究戏文，说这些跟中国的曲牌连套，到后来诸宫调——不同的宫调放在一起，敷衍故事，跟这个有关。这个到了南方，舞台上把音韵的连套变成了戏曲，其实是歌舞剧，有说的，也有唱的，故事是比较长的。

我们看到关于南戏比较早的历史资料，是明朝祝允明（1460—1527）写的《猥谈》，大概是嘉靖五年（1526），他讲到"南戏出于宣和之后，南渡之际，谓之温州杂剧。予见旧牒，其时有赵闳夫榜禁，颇述名目，如《赵贞女蔡二郎》等"。换句话说，就是南宋出现了戏，我们知道后来是《琵琶记》讲蔡伯喈的故事。其实很有意思，像《赵贞女蔡二郎》还有《王奎负桂英》这样的故事，其实都是上京赶考的士子，中了进士或者中了状元就抛弃他的妻子，这种故事很多，很早就是以蔡伯喈的故事发展来的。后来有很多人就很不高兴，说蔡邕没有干过这种事啊，所以再后来就有《琵琶记》，高则诚重新给他翻案。说不是他进京赶考中了状元抛弃法妻，而是被丞相软禁起来了，没办法回不了家了，所以父母都饿死了，他不知道，他不是不忠不孝的，后来就有了全忠全孝蔡伯喈，这个故事讲得最早，是南戏里的。

南戏流行的区域也很有意思，最早是以温州为基础扩散的。我们现在研究地方戏发现，现在最古老的的一些戏种以浙江南部、福建北部为主。所以，现在福建的梨园戏和高甲戏，都是很老的戏。温州的瓯剧还保留了一些老东西,然后再慢慢往各地发展。这样的发展在浙江的影响是蛮大的,往西边就到了江西。这里就牵扯到一个问题,南戏的发展跟社会变动有什么关系?我今天没有时间跟大家讲它跟社会变动的关系,整个晚明的社会变动大家可以看看樊树志先生写的《晚明史》,讲得比较好,最主要就是说,明代中叶以后,因为社会基本比较稳定,社会经济的发展和江南城乡的联系发展得很快,所以小城镇也都起来了,形成了一个新的城乡网络。经济富庶后,整个区域的文化需求也就起来了。所以我们看到不同地方跑码头、迎神拜会时,戏班子会相互影响,地方都会发展这种地方戏曲。当时江南整个网络开始形成,很重要的就是15、16世纪就出现了十字轴心。十字轴心就是整个长江流域,然后大运河,从大运河以后再往南到了浙江,然后浙江沿海、福建沿海然后到广东沿海。这个就是我们看到在15、16世纪整个中国经济繁荣的局面,其实跟现在也有点像。长三角、珠三角、福建,那时整个环境、自然环境也有利于它的发展。那么这里有一些文化中心出现,江西沿着赣江、府河,还有安徽的徽州、宣城这一带,因为长江,还有新安江上面整个连起来,有这么一个环境。

我们看到晚明亡了以后,最有名的散文家张岱(1597—1679)写墓志铭的时候回顾晚明,我觉得这一段是非常经典的,可以看出上层的士大夫他们在干什么:"少为纨绔子弟,极爱繁华,好精舍,好美婢,好娈童,好鲜衣,好美食,好骏马,好华灯,好烟火,好梨园,好鼓吹,好古董,好花鸟,兼以茶淫橘虐,书蠹诗魔。"你看文化发展到一定程度,上层社会就完全进入到艺术的殿堂中,但是后来他亡国了,"劳碌半生,皆成梦幻。年至五十,国破家亡……回首二十年前,真如隔世"。那么这些时候问题就出现了,我就不讲了,属于社会经济史,大家心里大概知道晚明的一些发展。那么,我们看看当时的人怎样描述自己的生活。陆楫(1515—1552)特别讲到鼓励消费、发展文化旅游,而且他讲得很有道理:"只以苏杭之湖山言之,其居人按时而游,游必画舫肩舆,珍馐良酝,歌舞而行,可谓奢矣。而不知舆夫、舟子、歌童、舞伎,仰湖山而待爨者,不知其几!"整个经济是被旅游、花天酒地带动的。"彼以粱肉奢,则耕者、庖者分其利;彼以纨绮奢,则鬻者、织者分其利。正《孟子》所谓'通工易事,羡补不足'者也。"社会是有分工的。

到了后来,有一个非常有意思的官场,当然是晚清了,龚自珍(1792—1841)曾指出:"俗土耳食,徒见明中叶气运不振,以为衰世无足留意。其实,尔时优伶之见闻,商贾之气习,有后世士大夫所必不能攀跻者。不贤识其小者,明史氏之旁支也夫。"龚自珍这个人是比较有意思的,他的观察说明亡是因为这些人骄奢淫耻,不管国事,所以衰败了。明朝是衰败了,但从优伶、戏曲的角度,从商贾的生活来看,我们可以看到明朝到后来的发展是自由开放的,这种发展有另外一种历史的意义。所以我觉得这段话很有意思。我们知道,明朝从一开始禁令是很强的,洪武年间就讲得很清楚:"凡乐人搬做杂剧、戏文,不许装扮历代帝王后妃、忠臣烈士、先圣先贤神像,违者杖一百。"(洪武三十年《御制大明律》卷二十六)这个原因其实很简单,这些事情,在舞台上不能瞎搞,听话就行了,这些老百姓,这些历史上重要的人物,瞎演是有问题的。"官民之家,容令妆扮者,与同罪。其神仙道扮及义夫节妇、孝子顺孙,劝人为善者,不在禁限。"就是演出内容完全是道德教化,不要讲到政治上的问题,那么这些是可以的,这个是命令宣告老百姓要怎么做。

到了明中叶,王阳明讲"心即是理",讲到"心性"、"致良知"、"知行合一",要从自己的认知开始,寻求真理,必须从个人开始。不是社会上或圣教告诉你怎么做,道德的教化应该怎么办,王阳明讲得很清楚:"今要民俗反朴还淳,取今之戏子,将妖淫词调俱去了,只取忠臣孝子故事,使愚俗百姓,人人易晓,无意中感激他良知起来,却于风化有益。"所以良知还是守得很紧的,不能胡搞,即使演戏也可以,但要符合道德规范。可是我们看到,整个社会的发展,往往不是按统治者希望的秩序那样,一旦社会稳定了,经济起来了,人都吃饱了以后,状况就不同了。

陆容(1436—1494)在嘉靖年间,就直接讲到南戏的发展:"嘉兴之海盐,绍兴之余姚,宁波之慈溪,台州之黄岩,温州之永嘉,皆有习为倡优者,名曰戏文弟子,虽良家子不耻为之。其扮演传奇,无一事无妇人,无一事不哭,令人闻之,易生凄惨。此盖南宋亡国之音也。"(《菽园杂记》卷十)他很感慨,其实他是高兴,就记录了这种境况。我们便知道,到了嘉靖的时候,在海盐、余姚、慈溪、黄岩、永嘉这里都有唱南戏的。我们要记得一件事情,我们讲什么戏曲是什么腔,这个腔调基本上跟地方上唱戏的人有关。因为唱戏的时候,文辞的咬字,经常跟地方的方音有关,这个就是所谓的戏曲的声腔体现。基本上它唱的方法和落韵的方法,都有一定的规律,可是等唱出来的时候,不同的地方就稍微有不同的变化。所以你看这里,陆容讲南戏,他举了五种,还没有讲到等会要讲的重要的弋阳腔,昆腔也还没讲呢。

祝允明讲南戏时只是说:"数十年来,所谓南戏盛行,更为无端,于是声乐大乱。"他也不喜欢,便骂道:"愚人蠢工徇意更变,妄名余姚腔、海盐腔、弋阳腔、昆山腔之类,变易喉舌,趁逐抑扬,杜撰百端,真胡说也。若以被之管弦,必至失笑。"(《猥谈》)为什么他会这样讲,因为一般来讲,上层精英都比较保守,对于流行歌曲,他们不太看好。明明有用官话唱的北杂剧、南戏,也有按照洪武正韵、中州韵唱的,怎么会把乡音都唱出来呢?这是他们的不满,可是这里也给我们透露了一个最重要的信息就是,到底明代有多少声腔,其实绝对不是四大声腔,而四大声腔是我们现代的研究者设定的。你看祝允明这么早就讲到余姚腔、海盐腔、弋阳腔、昆山腔四种声腔,他并没有说这些是四大声腔,他只是说都是乱唱的。

我们再看一下,徐渭在《南词叙录》(1559)中说:"今唱家称弋阳腔,则出于江西,两京、湖南、闽、广用之。"弋阳腔传布很快而且影响很大,等会我们会进一步说。"称余姚腔者,出于会稽,常、润、池、太、扬、徐用之;称海盐腔者,嘉、湖、温、台用之。惟昆山腔止行于吴中,流丽悠远,出乎三腔之上,听之最足荡人。"其实他在这里说的"昆山腔",已经不是早期所谓的昆山腔了。大家听学者讲昆曲的时候,一定要让他讲清楚,到底是在讲魏良辅改良之后的昆腔水磨调,还是昆山本来早期就有的土腔。这个是有很大分别的。因为魏良辅的改良昆腔,是完全精致化、艺术化的一套新的唱法。后变成最为士大夫、文人雅士欣赏的腔调,因为它的音乐成就最高。

其实这些都是很平常的，我们看西方的歌剧发展也一样，要等到莫扎特、贝多芬、威尔第、普契尼，他们把音乐提升到一定境界以后，大家都说 opera 好，之前也有啊，但没有那么精致，所以魏良辅的重要性在这里。有些时候，一些学者把它混淆了，说昆腔元朝的时候就有了，朱洪武曾经就找个老头问昆山的腔是怎么回事啊，那不是远比魏良辅早么，那是不一样的。所以我觉得学历史，有时候一个词它有不同阶段的历史意义，要把这个断得清楚，我们想了解昆腔也要着这样。所以到徐渭的时候，魏良辅的昆腔已经差不多要出来了。

魏良辅自己讲的，也很有趣。他在《南词引正》里说道："腔有数样，纷纭不类，各方风气所限。"不同地方的声腔，讲话的乡音不同。"有昆山、海盐、余姚、杭州、弋阳。"你看，怎么有五大声腔了？他也没有说是五大声腔，只举了五样，他还讲到："自徽州、江西、福建，俱作弋阳腔。永乐间，云、贵二省皆作之，会唱者颇入耳。"他讲的是南戏早期的散布和影响。南戏在这时候已经起来了，在浙江温州这一块开始散布，而且配合不同地方的小调、歌曲、方音演唱。后来为什么传到云贵，我们也很清楚，明朝建立以后，大量的军屯和移民，从江淮一带移到云贵，跟着军队一起去的。今天云南还有很多地方唱的曲调，其实跟明朝早期、中期的曲调相类似，许多早期的道教音乐在云南保存得很好。甚至有些人鼓吹我们现在唱的是唐明皇的音，那不是真的，明朝初年的还说得过去。所以整个讲的呢，是当时的一个现象，但魏良辅说"惟昆曲为正声，乃唐玄宗时黄旛绰所传。"这就很令人怀疑了，这是为了树立自己的正宗来源。所以我们发现，像这样的资料也很有意思，它显示了魏良辅为了将自己搞出来的东西变成正统，就上溯到梨园的祖师唐明皇。而且即使在明朝的时候，他们也认为，中国的戏曲发源于唐明皇，也没有说更早的了。

沈宠绥（？—1645）讲的一些也很有意思，他是苏州吴江人，是王骥德下面的一代，他很懂曲，他的《度曲须知》说："然世换声移，作者渐寡，歌者寥寥，风声所变，北化为南。"这里显示的主要变化是北曲南移。"曲海词山，于今为烈。而词既南,凡腔调与字面俱南,字则宗《洪武》而兼祖《中州》。"换句话说,就是曲律主调还是要遵从洪武正韵,洪武正韵是从中原音韵下来的,然后有一定的调整,有了中州韵,像这些是非常重要的。其实这点大家也要记得,中原音韵基本上还是在开封,到了洪武时定都在南京,官话系统基本上还是中原的官话,到了南京有了变化,明朝的官话是南京官话。这个是很有意思的,研究历史方言学的学者,对这个方面都有一定的讨论,但研究的学者比较少,周振鹤研究历史方言学,我觉得应该有更多的学者投身于这个领域。历史方言学这个领域非常宽广,官话最主要的脉络,宋朝的官话是开封话,到了明朝,是以南京为主的。那么我们也知道南宋京城是杭州,所以杭州的官话是有北宋余音的,大家去过杭州就知道杭州音跟所有江浙音不一样的,它跟吴音完全不是一个系统。所以呢,它讲的这个韵,字要中,要循着洪武正韵兼中州韵,这个腔呢,他讲得特别清楚:"腔则有海盐、义乌、弋阳、青阳、四平、乐平、太平之殊派。虽口法不等,而北气总已消亡矣。"你看这里有多少种声腔,是吧。而且本来从中原来的音,因为唱戏慢慢消散了。沈宠绥讲到很多种不同的腔调,这其实就说明了南戏在江南,在浙江、太湖流域,在江苏南直隶这个地区发展的情况。

那么我们讲到海盐腔,是大家觉得已经消失的一种腔,我们只是在《金瓶梅词话》中看到,西门庆动不动就找一批海盐子弟来唱戏,就很奇怪。《金瓶梅词话》它的写作时间应该是嘉靖年间,而且地域写的是山东。我最近有一本书《茶余酒后金瓶梅》,是就茶和酒来讨论金瓶梅的地域性,有些学者说金瓶梅是南方的,那个不太可靠。

海盐腔是万历(1573—1620)之前最为士大夫精英人士所欣赏的。杨慎(1488—1559)讲到:"近日多尚海盐南曲,士大夫禀心房之精,从婉娈之习俗,风靡如一,甚至北土亦移而耽之。"(《丹铅总录》卷十四)他要讲的是,这个海盐腔啊,是比较婉转柔和的,比较细腻。懂得音乐的欣赏这种比较细腻的,不是那种粗糙的音乐,不是很杂很吵的那种音,不太喧哗,所以士大夫都喜欢。而且我们看到《金瓶梅词话》里唱的几乎都是海盐腔,因为这个时候昆腔水磨调还没有出来，所以大家觉得最美妙最优雅的是海盐。

清朝初年张牧讲到："万历以前，士大夫宴集，多用海盐戏文娱宾客。若用弋阳、余姚，则为不敬。"（《笠泽随笔》）因为那些比较粗俗。我觉得有一段很重要的资料，大家都看过，但是读的时候有一定问题，这段资料非常重要，就是汤显祖的《宜黄县戏神清源师庙记》，讲的是当时戏曲发展的情况。因为江西宜黄这个地区从事戏曲的人非常多，几乎上千人，所以汤显祖说，几乎"千余人"，唱戏的人非常多。有个戏庙，他写的庙记，当然他对南戏的发展要有比较清楚的说明，可是他说得很简略，所以有一些学者在讨论的时候我觉得是误解了他的意思，汤显祖说："此道有南北。南则昆山，之次为海盐。"南北就是有南戏、有北戏，有南曲有北曲，北原来是杂剧，南是戏文。南戏到汤显祖万历后期的时候，魏良辅的昆山水磨调已经开始流行了，汤显祖非常清楚地知道昆山水磨调，所以他说南戏就是昆山，其次是海盐，你看他讲得非常清楚。但有些人就是说汤显祖是江西人，他不是苏州人，他不知道昆腔是怎么回事。这里讲得非常清楚，他怎么会不懂昆腔呢？他要是不懂昆腔怎么会把昆山列最先呢？他又说"吴、浙音也"。这也讲得非常清楚，这是什么意思呢，昆山腔是吴中的音、苏州的音，海盐腔是浙江的音，所以我们发现吴、浙音其实是分得非常清楚的，所以，海盐也好，余姚也好，这些都是属于浙江的，昆山是吴中的，这两类南戏"其体局静好，以拍为之节"。原来只有打拍子，没有上管弦。"江以西弋阳，其节以鼓。其调喧。至嘉靖而弋阳之调绝，变为乐平，为徽青阳。"大多数人读这一段的时候就说，汤显祖不懂，错了，嘉靖的时候弋阳腔没有断啊，说"弋阳之调绝"，还有下一句啊，"变为乐平，为徽青阳"。其实是弋阳腔在万历这段时间已经变化得很厉害了，嘉靖年间就散布到各地，而且与地方音结合，变成当地的各种各样的腔调。所以他讲乐平、青阳调随后就出来了，"绝"的意思并不是弋阳腔作为一个大的类别就完了，它是变化了。所以大致脉络他讲得很清楚，古人写东西有的时候不像我们今天尽量多写，他们不是这样，他们把最主要的很清楚地总结出来，逻辑没有乱的，非常清楚。

下面也很重要,他说:"我宜黄谭大司马纶闻而恶之。"江西宜黄的谭纶做过大司马,他听到弋阳腔乱发展,也有点精英分子,看俗调不太顺眼,觉得太吵太乱。好在他曾经治兵于浙,曾将在浙江打倭寇,做过兵备副使。而且是浙江巡抚,他在那边喜欢上了海盐腔,所以"自喜得治兵于浙,以浙人归教其乡子弟,能为海盐声"。把浙江人带回到江西宜黄,教他的家乡子弟。所以江西宜黄这个地区的人,因为他的缘故,就学会了海盐腔。"大司马死二十余年矣,食其技者殆千余人。"宜黄这个地区后来戏曲非常发达,他们唱的是什么呢,是海盐腔的变体。这也就是徐朔方先生经常说,汤显祖填这个曲的时候,用的是宜黄腔,其实没有什么宜黄腔,我不觉得汤显祖这里有个宜黄腔,他还是和沈宠绥讲得一样,最主要还是洪武正韵、中州韵,然后有乡音是没错。汤显祖是不是用了当时的乡音我不清楚,可是他懂不懂昆腔水磨调?应该是懂的。所以有时候他的咬字从纯粹的苏州人角度来讲,发音不准,这是有可能的,就像讲上海话有些人就不太标准。我去香港那么多年,我的广东话是很糟糕的。你说我懂不懂广东话,我也懂,大概就是这么个意思。可是重要的在哪里,这个信息清楚地告诉我们海盐腔是怎样进入江西宜黄的,而宜黄为什么成为重要的戏曲地点。汤显祖说:"诸生旦其勉之,无令大司马为长叹于夜台,曰:奈何我死而道绝也。"换句话说,汤显祖希望宜黄子弟能继承谭纶的传统。

谭纶与海盐腔的关系也挺有意思的,我们看谭纶什么时候把海盐腔带入江西呢,大约是在1550—1560这个时间内,因为1560年后,他就再也没有回到浙江了。他在浙江,一开始是任台州知府,在任期间主要是打倭寇,到1560年他父亲去世,丁忧回籍,他在家期间发展了戏曲。按理说丁忧回家应该守孝,但我们也知道很多人丁忧回家都做了很多事情。从这点我们也能看到,海盐腔的发展也是蛮有意思的。

下面讲昆山腔,昆山腔的重要性在于魏良辅跟许多当时的乐师一起合作。笔记里说魏良辅为了创昆山腔,上楼十年不下来,我也不太相信这个,最后他的确创作了一种新的徐丽舒缓的腔调,即水磨腔。水磨腔经常一个字拖得很长很长,所以现在年轻人去听昆曲,不知道唱到哪里去了,因为它的一个字非常婉转地唱,你不知道它落在哪里。士大夫精英分子,那些喜欢音乐的人觉得这个音乐性特别强。魏良辅创作的是音乐的东西,其后梁辰鱼(约1521—1594)在《浣纱记》中写西施就用了这种水磨调作为整个唱腔的方式,整个戏曲在音乐的展现上就是昆山水磨调的展现,这一下就不得了了。苏州人在明代中叶觉得自己是吴中,是文化中心,虽然政治中心在北京、南京,但文化中心在吴中,这是没有问题的。苏州文人又多,当时文风最盛,状元又出很多,这一下苏州就觉得他们不得了了,文化高人一等。所以南戏里昆腔水磨调便成了主调。这是万历时期发展出来的。

所以我们再看看当时万历人讲的话,顾起元(1565—1628)讲到:"南都万历以前,公侯与缙绅及富家,凡有燕会小集,多用散乐,或三四人,或多人,唱大套北曲。……若大席,则用教坊打院本,乃北曲四大套者……后乃尽变为南唱……大会则用南戏。"(《客座赘语》卷九)还说:"其始只二腔,一为弋阳,一为海盐。"这是流传得比较广的。有一些腔只会在本地唱。"弋阳则错用乡语,四方土客喜闻之;海盐多官语,两京人用之。后则又有四平,乃稍变弋阳而令人可通者。"四平比较接近官话。"今又有昆山,较海盐又为清柔而婉折,一字之长,延至数息。士大夫禀心房之精,靡然从好。见海盐等腔已白日欲睡,至院本北曲,不啻吹篪击缶,甚且厌而唾之矣。"有这么严重,都开始骂了,所以到了这个时候,你就发现,等级出来了,音乐层次比较高的,第一当属昆腔水磨调,海盐嘛,都昏昏欲睡了。

松江靠近上海,"戏子在嘉隆交会时,有弋阳人入郡(松江)为戏,一时翕然崇尚,弋阳人遂有家于松者。其后渐觉丑恶"。他们听曲子也很有意思,不知道你们现在是不是觉得邓丽君那种是"老饼"了,不想听了。弋阳人没办法了,"弋阳人复学为太平腔、海盐腔以求佳,而听者越觉恶俗;故万历四、五年来遂屏迹,仍尚土戏。近年,上海潘方伯(允端)从吴门购戏子,颇雅兴,而华亭顾正心、陈大廷继之,松人又争尚苏州戏"(明范濂《云间据目抄》卷二《风俗》)。松江开始听水磨调了,上海潘方伯就是盖豫园的,很有钱,就从苏州买戏子。所以发现这种变化是很有意思的。

王骥德也说了,"世之腔调,每三十年一变,由元迄今,不知经几变更矣!大都创始之音,定自浑朴,渐变而之婉媚,而今之婉媚极矣。旧凡唱南调者,皆曰海盐,今海盐不振,而曰昆山。昆山之源,以太仓魏良辅为祖,今自苏州而太仓、松江,以及浙之杭嘉湖,声各小变,腔调略同。(《曲律》卷二《论腔调第十》)王骥德讲得非常清楚,有些学者为什么讲不清楚,可能是他读这个材料时,没有联系到整个大的环境、大的变化,而且不从方音的逻辑性来解释。方音的逻辑性是有一定规律的,这个其实要知道。王骥德继续讲:"数十年来,又有弋阳、义乌、青阳、徽州、乐平诸腔之出。今则石台、太平梨园,几遍天下,苏州不能与角什之二三。"就是说地方各种不同唱腔乱唱,苏州的水磨调都不能相比了。因为只有上层的人好懂,那些俚俗的家伙满世界唱的是乱调,骂的就是这个意思。"其声淫哇妖靡,不分调名,亦无板眼。又有错出其间,流而为两头蛮者,皆郑声之最,而世争膻趋痂,好靡然和之,甘为大雅罪人。"因为他只喜欢苏州的昆腔水磨调,唱别的就不行。所以我们从这个资料可以看到明朝后期,绝对不止四大声腔,也不是只有昆山腔,整个情况很复杂。苏州人文章写得多,所以我们发现,很多人在讲话。但义乌人,以前也没有什么小商品,也没有什么人给他说话,所以义乌调唱唱后来大概被人家骂,也就只在义乌唱了。你可以想象,我们讲的文学、艺术、文化也好,它也有一个权力结构的。这个权力结构非常有趣,所以我们把它挖出来讨论的时候,我们理清楚的只有这几个,但当时是很复杂的。

沈宠绥也讲了,跟他老师讲得差不多:"而词既南,凡腔调与字面俱南,字则宗《洪武》而兼祖《中州》;腔则有海盐、义乌、弋阳、青阳、四平、乐平、太平之殊派。虽口法不等,而北气总已消亡矣。"(《度曲须知》上卷《曲运隆衰》)你看,这些当时很盛。张瀚(1510—1593)也讲到:"至今游惰之人,乐为优俳。二三十年间富贵家出金帛,制服饰器具,列笙歌鼓吹,招至十余人为队,搬演传奇。好事者竞为淫丽之词,转相唱和。一郡城之内,衣食于此者,不知几千人矣。"(《松窗梦语》卷七)就说现在人都不好好干事,都去影视业发展了。叶绍袁也讲苏州"壬申(崇祯五年,1632)五月,正青苗插种之时,城市竞相媚五方圣贤","五方圣贤"是指苏州地方的邪神,不是正规的神,"各处设台演戏"。他其实在批评,因为正是青苗插种的时候,应该去种田啊,但各处都在演戏。"郡中最有名之梨园毕集吴邑,北则外场书院前,南则垂虹亭、华严寺,西则西门外,东则荡上。一日斋宴及梨园供给价钱,费三四十金不止,总计诸处,一日百五六十金矣。"(《叶天寥年谱》)花了不知道多少钱啊,就是在唱戏。所以我们能看到这个时候流传得很广。

再回头来看弋阳腔的发展,因为它比较通俗,比较不规范,所以基本上唱的戏还是那些剧本。但因为它唱得不规范,有一个主要的调带到不同地方,跟地方的小调结合就可以转换。我们今天看的地方戏,有些戏是很难发展的,因为它的艺术层次已经达到顶峰了,除非你的音乐和剧本的水平能够超过前人。但有些戏种就比较容易发展,比如说黄梅戏,黄梅戏就比较容易发展,还有浙江的越剧,因为它就是比较开放性的,它的艺术层次还没有达到一个比较精益求精的程度,所以它可以有新的各种各样的发展。这个也就是我们所说的艺术发展的一个规律。但并不表示以前发展到顶峰的就断了,只是后来后继无人了。由于这种原因,所以我们发现弋阳腔的传布非常广。

弋阳腔起码在明初永乐间已相当盛行,流播于江西、安徽、南北两京、湖南、福建、广东、云南、贵州等地,影响之大,胜于嘉靖时诸腔。"弋阳腔"一称,最早见于明正德间祝允明《猥谈》。弋阳腔传布如此之广,应当和腔调的节奏鲜明、简单易懂、容易入耳、通俗上口等特质有关。大多数人喜欢听流行歌曲,现在有 rap,很热闹。但真正来讲,它的艺术层次和境界也是有限的,当然我们也期待有艺术天才的人,在那个领域有所发挥,也是有可能的。而且弋阳腔保持许多早期戏文面貌,保持了戏文初起时,运用里巷歌谣、村坊小曲,以锣鼓为节,是民间歌舞的发展。我们也知道初期的弋阳腔是不和管弦的,一般是唱有和,有旁边的伴唱,还有滚,所谓滚白,哩哩啰,哩哩啰啰,前面唱了什么,后面就跟着哩哩啰啰,啊哈哈哈,这样烘托的唱法。我们看乡下戏时常有这些唱法。所以弋阳腔的流布就很广。前面我们说的所谓不同的腔和弋阳腔的关系比较密切,原因就在这里。弋阳腔传布得很快而且很广,到不同地方就有不同变化。这也就是汤显祖说的"弋阳腔绝",演变为别的腔调。

那么,从明末到清初呢,还有有意思的东西,就是弋阳的腔改头换面,因为它会变。从明末到清初,弋阳腔或许"改头换面",却从未断绝。在乾隆(1736—1796)期间,各地称之为"高腔",至今犹存,融入了各地的地方剧种,到现在各地都有,比如江西赣剧、浙江婺剧、广东正音戏等等。而且各个不同的剧种,大的剧种里都还有所谓的高腔。秦腔有,川剧有,湖南戏也有,它传得很快,有学者专门研究这个,到底多少种腔受到过弋阳腔影响。太多了,大家有兴趣看地方戏曲志好了。

至于弋阳腔是高腔,清朝中叶就有学者发现了,原来它的调门很高。后来就出现了所谓的高腔,当时人就知道,这种腔调是哪里来的,李调元就讲了:"弋腔始弋阳,即今高腔,所唱皆南曲。又谓秧腔,秧即弋之转声。京谓京腔,粤俗谓之高腔,楚、蜀之间谓之清戏。向无曲谱,只沿土俗,以一人唱而众和之,亦有紧板、慢板。"(《剧话》卷上)而且我们知道,音乐艺术因为比较复杂,追求细致的一般有曲牌,按曲牌有所发展。当你是比较通俗的,比较土的,往往只有几个比较主要的曲调,曲调有变化,在音乐上的夹花使它变得有慢板有快板什么的,这时所谓的板腔体就是这样出来的。所以我们就发现中国的戏有许多是唱曲牌的。像昆曲最明显,根本没办法不唱曲牌,因为它自身音乐艺术的发展,使它一定要唱曲牌。那么,有的戏,比如板腔和京戏,京戏有些时候会唱曲牌,但是很少,基本上就是板腔体。随着它的发展,它的音乐可以按照最主要几个曲调的脉络,比如西皮、二黄,然后还会有各种各样的曲调发展。

所以南戏的发展,到了清朝以后,这种现象是非常清楚的。流沙先生对高腔与弋阳腔研究得挺久,这些你们有兴趣可以去看看,他说跟明朝什么样的曲调,发展成什么,然后到了今天还有的。所以有的人说,明代的声腔都没有了,就剩下昆腔了,其实不是这么回事。它是改头换面,有了发展,在不同地方变成我们今天各个不同地方的地方戏。所以这是很有趣的一个现象,最重要的是,北曲渐渐衰落,北杂剧基本的脉络断掉了,全中国的地方戏,是以南戏为主,南戏的发展,从明朝到现在,也很复杂,这是一个大的框架,但是这个大框架,经常写戏曲史的人没有把它讲清楚,并没有讲是这样的一种发展。其实我觉得还是挺清楚的,我不知道这里讲的是不是还有一些问题,诸位可以提一提,我们来讨论一下。

到了乾隆年间,其实是有一个对弋阳腔的调查的,乾隆皇帝让江西巡抚去调查插班戏曲有没有违碍之辞,一开始是查有没有敏感词。江西巡抚说:"查江西昆腔甚少,民间演唱,有高腔、梆子腔、乱弹等项名目,其高腔又名弋阳腔。臣检查弋阳县旧志,有弋阳腔之名。恐该地域有流传剧本,饬令该县留心查察。"查完,"随据禀称:弋阳腔之名不知始于何时,无凭稽考,现今所唱,即系高腔,并无别有弋阳词曲。查江右所有高腔等班,其词曲悉皆方言俗语,鄙俚无文,大半乡愚随口演唱、任意更改,非比昆腔传奇,出自文人之手,剞劂成本,遐迩流传"。所以我们就发现,乾隆年间去调查江西,其实是弋阳腔的各种余音,甚至也有昆腔的影响,可是他们已经搞不清楚了。所以到后来,就索性分为花部和雅部。这就是昆腔为什么变为大雅,所有其他部都变为花部乱弹,就是这样发生的。到了乾隆年间就出现这样的现象,大家也搞不清楚明朝的脉络。

到清朝,《扬州画舫录》是清楚地记载了扬州的情况:"两淮盐务,例蓄花雅两部以备大戏,雅部即昆山腔。花部为京腔、秦腔、弋阳腔、梆子腔、罗罗腔、二黄调,统谓之乱弹。……若郡城演唱,皆重昆腔……后句容有以梆子腔来者,安庆有以二黄调来者,弋阳有以高腔来者,湖广有以罗罗腔来者,始行之城外四乡,继或于暑月入城,谓之赶火班。"[乾隆末李斗(?—1817)《扬州画舫录》卷五]夏天嘛,赶火班也进城了,后来所谓"徽班进京",变成今天的京戏,也是这样一个过程。所以我们看弋阳腔,是非常有意思的,汤显祖说得非常清楚,弋阳腔"其调喧",非常热闹,提供感官刺激,就像我们看好莱坞大片一样。中国戏曲发展史上呢,昆山水磨调是戏曲艺术的巅峰,士大夫最喜欢,但从广大群众日常生活娱乐来说,弋阳腔的影响最大,远远超过昆腔。而且它散布到各地,改头换面,到地方上有新的发展,这就是我们所说的地方戏。

刘廷玑在康熙年间的《在园杂记》(1715)中提到,这个资料还蛮重要:"旧弋阳腔,乃一人自行歌唱,原不用众人帮合。但较之昆腔,则多带白。作曲以口滚曲为佳,而每段尾声,仍自收结,不似今之后台众和,做哟哟啰啰之声也。江西弋阳腔、海盐浙腔犹存古风,他处绝无矣。近今且变弋阳腔为四平腔、京腔、卫腔,甚且等而下之,为梆子腔、乱弹腔、巫娘腔、唢呐腔、啰啰腔矣。愈趋愈卑,新奇迭出,终以昆曲为正音。"我们发现,整个清朝的发展是这个现象,让我们的20世纪研究中国戏曲的时候有一个先入为主的概念,这个概念呢,是从康熙到乾隆就定下来的概念。我想,京腔大概也是这么回事,清初王正祥《新定十二律京腔谱》很有意思,这个人讲得很清楚,讲到京戏的来源板腔体:

> 弋腔之名何本乎?盖因起自江右之弋阳县,故存此名。犹昆腔之起于江右之昆山县也。但弋阳旧时宗派浅陋猥琐,有识者已经改变久矣。即如江浙间所唱弋腔,何尝有弋腔旧习?况盛行于京都者,更为润色,其腔又与弋阳迥异。予又不满其腔板之无准绳也,故定为十二律,以为曲体唱法之范围,……尚安得谓之弋腔哉!今应言之曰京腔谱,以寓端本行化之意,亦以见大异于世俗之弋腔者。(《凡例》)

青木正儿讲到花雅两部,有一些他讲到比较复杂的,主要是讲清朝,乾隆时花雅两部分得还比较清楚,雅部是指昆曲,可是到了民国以后就变了。我觉得呢,像《中国戏曲通史》里面的有些讨论,不是很恰当。因为它没有把前面的脉络讲清楚,它讲到:"乾隆末至道光末,花雅争胜,乱弹取得绝对优势,地方戏繁荣。"其实不是这么回事,我们看到,在明朝,地方戏就已经发展了,我不赞成张庚、郭汉城《戏曲通史》里讲的乱弹时期:"梆子、皮黄两大声腔剧种在戏曲舞台上取代了昆山腔所占据的主导地位,从而使戏曲艺术更加群众化,更加丰富多彩。"我是很怀疑讲戏曲的艺术更群众化,可能可以说戏曲更群众化吧。这个群众化老早就有了,不是到了清末才群众化的。

另外,《中国大百科全书·戏曲卷》我觉得讲得有些问题的:"乾隆末年,昆剧在南方虽仍占优势,但在北方却不得不让位给后来兴起的声腔剧种。"从某种层面上,这说的是大多数老百姓还是喜欢流行的花鼓,但同书还说,"嘉庆末年,北京已无纯昆腔的戏班。"这个是不对的。嘉庆就是19世纪初,北京已无昆腔?不是这样,朱家溍写过很多文章,讲过昆曲在乾隆以后,其实在北京还是主流,到什么时候开始没落,是挺晚的。他依据的是故宫升平署的档案,升平署是管各个戏班子的。就等于组一个戏班,需要在升平署登记的。所以看升平署的资料就可以看到,在北京唱戏的班子,"同治二年至五年",这就很晚了,当时"由升平署批准成立,在北京演唱的戏班共有十七个,其中有八个纯昆腔班、两个昆弋班、两个秦腔班、两个琴腔班(其中包括四喜班)、三个未注明某种腔的班(其中包括三庆班)"。三庆班也是唱京戏的前身,他们什么都唱,这些不标明什么的,就是什么都唱。可是我们看到有八个纯粹的昆腔班,各个领班的人都很清楚,有资料的。当然我们也可以说,也有一个可能,就是去登记的时候,明明已经不是纯粹的昆腔班了,它为了要面子的问题,还说自己是昆腔班,这种可能性我也不确定。所以这个很清楚,你可以看到,"各领班人所具甘结都完整存在。说明到同治年间,昆腔班仍占多数。光绪三年(1877),各班领班人所具甘结也都存在。当时北京共有十三个戏班,其中有五个纯昆腔班,比同治年减少一些,但占总数三分之一强"。所以我觉得这些都非常有趣,过去《大百科全书》告诉我们的是有问题的。

我们后来看到,清末民国以来,昆曲真的是衰落了,而且是依附在京戏里苟延残喘。昆曲几乎没有班了,有一个"要饭班",他们管自己叫"要饭班"——苏昆剧团,挺惨的。这整个的衰落也反映了中国整个文化环境的衰落。因为这个时候是革命、日本人侵略、抗战、内战、然后接着不断革命,继续革命。所以呢,最精英的昆曲,它的命运一定会衰落。可是,天下的事情很怪,峰回路转,1950年,它纳入了国家体系。所以呢,它变成一个单位了,又死不了了。浙江昆剧还唱了个《十五贯》,"一出戏救活一个剧种",中央也说好。《十五贯》配合当时的司法政策,公检法人员都不能随便判案,配合政治需要,所以一出戏就使得各个地方戏还有昆班,作为政府的单位存活下来了。台湾也都不存,只有清曲,那是音乐性的,不是戏曲,基本上台湾没有任何舞台的传承,就只有唱曲子,有几个很好听的乐曲、台曲还在唱。改革开放以后,这些昆曲的班子,在中国的这些单位都被邀请到港台去,这一下就火了,让大家知道原来世界上有这么美妙的戏曲,有这么高雅的昆曲,所以这样,21世纪昆曲就复兴了。而地方戏呢,还在繁衍,但地方戏,每个地方都在尽量发挥自己的艺术创造,我们看到这就是现在的状况。

所以我刚刚慢慢顺下来主要讲的是这个南戏,在它慢慢拓展的过程中,为什么取代了北曲,变成中国整个大的戏曲家庭的主要脉络,它有许多分枝。我对历史有兴趣,所以我对厘清这种脉络有兴趣,所以我最近就把这个东西做了一下。

最近我编了很多书,有一本《袅晴丝吹来闲庭院》,广西师范大学出版的,这个是一个国际研讨会的论文集,还有广西师大出版的另一本《文苑奇葩汤显祖》,是讲汤显祖的,两个月前还出了一本,是昆曲传承计划出的书,这本《普天下有情谁似咱:汪世瑜谈青春版〈牡丹亭〉的创作》是讲牡丹亭的变化,在舞台演出方面的变化。这本《依旧是水涌山叠:侯少奎艺术传承记录》是讲北昆里的侯少奎对昆曲艺术的传承。他是唱武生的,唱武松、林冲。还有一本《春心无处不飞悬:张继青艺术传承记录》是讲张继青的,讲闺门旦的传承。

再给大家看一些很有趣的图,这个是浙江省遂昌,这里主打的是《牡丹亭》原创圣地,他们觉得《牡丹亭》是在那里写的,所以遂昌现在全部都是汤显祖、牡丹亭。这是汤公酒楼,这个遗爱祠的门脸是真的,是当时汤显祖走后当地人给他盖的一个生祠,到了清朝,又新修了一下,叫遗爱祠,遂昌当地的人很怀念汤显祖,但很可惜,这个祠只剩了一个门脸,里面的祠庙是没有了。

这个我要讲,遂昌这个地方是在山里面,他们唱的一个东西叫"遂昌十番","这个"遂昌十番"主要唱的是《牡丹亭》,这个十番是"文十番",不是十番锣鼓的"武十番",以弦管配,没有锣鼓。他们唱的《牡丹亭》,跟我们今天的昆腔水磨调不一样,一些老人在吹拉弹唱。我们去的这个地方是一个祠堂,还有庙,叫蔡祖庙。这个是1949年,他们抄录以前的曲谱,抄过来的。我问这个老头遂昌十番,老头跟我讲解,他们就唱起来,弘扬民族文化。其实遂昌十番应该是土昆,但也不完全是昆曲水磨调的东西,极可能是有海盐腔、余姚腔还有台州腔等等混杂在一起的。

浙江省艺术院的一位先生去调查,就觉得很特别,能让我们看到明清早期偏僻地区留下的遗迹,这些音乐的遗迹,从非物质文化传承的角度来说,都值得去探索。汤显祖是在这待过,也可能写过《牡丹亭》的一些段落,但汤显祖在这个时候已经把《紫钗记》写完了。所以这个地方呢,唱的是有土腔的,他们自己说自己唱的是昆曲,究竟是什么昆呢?就很有意思。跟我一起去的这位先生蔡振仁,他是上海昆剧团的团长,唱小生的,当地唱的这些曲调,他上去唱,唱得完全不一样。我们就疑惑到底是怎么回事,他也摸不准。主旋律是一样的,唱法和咬字的方法都不一样。换句话说,我相信,在各地都会有这一类的现象。

去年我去了乐平,就是上面说的弋阳腔后来影响到的乐平,我才发现,原来乐平现在还在唱乐平调。那么换句话说,这个乐平调是不是从明清以来一直传承到今天,它根本跟外界没有什么来往,就是一直传下来。而且他们唱戏的风气非常盛,明清的古戏台有100多座,那个县还在盖新的戏台。我就跟他们讨论,说你们到底什么时候唱戏,他们说什么时候都唱。所有的节庆唱戏,家里的结婚唱戏,出嫁当然要唱喽,考上大学也要唱。谁出钱呢?考上大学那家出钱,所以看戏都是免费的,这个还有古风呢。我就跟很多朋友说,哪一天去组个班子,好好把乐平调查一下。当地的文化单位也意识到他们很特别,但没有人研究这方面。所以从非物质文化传承来讲,不是都要研究昆曲,本身这些地方戏的脉络,都很值得研究。那个是每个地区老百姓生于斯,长于斯,他生活的一个环境氛围,他们追求文化娱乐的环境,可能层次不是那么高。比如我听蔡振仁一唱,把那些老头通通压过去了,可是不一样,他是声乐家,那些是老百姓唱流行歌曲,可是流行歌曲已经流行了好几百年了。所以,从这个角度来讲,我对这个非常有兴趣的原因是在这里,我们研究历史,长期以来靠的是文献,也有出土的文献,考古界还提供给我们很多出土文物。可是非物质文化传承,是最不清楚的,这个当然可以补充我们的历史,从历史的角度来讲,这是非常重要的,包括研究戏曲文学也好,这个应该也很重要。我想我今天就讲到这里,谢谢大家!

提问与回答

杨志刚:

非常感谢郑先生。郑先生今天先是对中国戏曲史上的一些很重要的基本问题,譬如四大声腔的问题,以扎实的功底进行了辩证和澄清。首先是历史事实问题的还原,然后还以非常开阔的视野对中国戏曲史上的诸多问题进行了深入探究,内容是非常丰富的,有些内容我们在历史教科书中是看不到的,有些是没有人思考过的。这些内容涉及到,比如说,从方言、乡音到社会的习尚,涉及到古代对剧团、演出的管理。我们今天有文化稽查队,文化演出的管理还有剧本的审查涉及到文化环境和文化权力结构。他还梳理了宋元明清以后中国戏曲发展的脉络,非常重要,也非常精彩,下面我们就把时间开放给学生、听众,我们来做一个互动。

学生:

我是听了您昨天的讲座,还有一个问题没明白,首先是清唱发展到今天,有没有什么变化,是不是跟以前完全不一样了?还能恢复以前的唱腔么?另一个问题是,您刚刚说北曲杂剧已经融到南戏中去了,那现在能看到的资料中，还有没有原北曲杂剧的那些东西？

郑培凯：

第一个问题是有关清唱的传统。我觉得是这样，其实我也没有讨论太多关于清唱的部分，这也不是我的领域，可是我知道的就是说整个清唱的曲谱传得还挺清楚的。因为它是音乐，它不是表演，所以它是属于另外一个领域，是属于音乐学的领域，这个传统没有断。你看不同的时代，从明朝到清朝到民国一直到现代，都有很多曲家，曲家做的事情是什么呢？曲家把这些曲谱重新整理，然后来唱这些曲谱。等于他把古代的音乐文献变成一个活的，怎么样能有一个声乐的展现。这些曲家有很多，像我们看到的历朝历代跟清唱有关的曲谱。所以很多演戏的朋友讲到这个，清唱家他们讲的东西，都很有参考价值。清唱的人时常批评演戏的人唱得不够好，昨天说过，这是有原因的。他们在台上又要舞、又要唱、又要表演，不可能像坐在那清唱，它不是单纯的一个声乐的东西。你看西方的歌剧，唱到最精彩的地方都是不动的，不能动，能唱出来就不得了了。所以中国戏曲，它的艺术形式就是有歌有舞，不能说是我碰到这段，这段音乐唱得好一点，就不动了。以前京戏是这样，京戏的青衣，唱到最高明的地方就不动了。所以被称为抱肚子青衣，就是抱肚子唱嘛。我们看西方歌剧也是，唱到最高明的地方就不动了。所以，你刚刚问这个问题呢，其实是一个清曲的整个曲唱，假如有问题，在于那些学音乐的人，他们清唱，要怎样把它的音乐性提高。我觉得传承上没有太大的问题，麻烦是现在没有人再唱了，这个是问题。现在即使有人天生音感特别好，是个音乐的天才，但让他唱传统的曲子，他不唱啊，都去唱西方的声乐去了。这是我们现在20世纪、21世纪中国文化发展的一个问题。你是音乐天才，你都去唱外国的东西去了，谁还唱中国的东西。这就使得音乐上很有天分的人不会留在传统的曲唱领域。这也是我昨天说到的文化自信的问题，跟我们的文化认识有关，大概就是这么个问题。

第二个问题是讲北曲问题，其实昆曲里面很多曲牌用的是北曲。最典型的就是单刀会,现在昆曲里面唱关云长单刀赴会,"刀会"现在昆曲里面还是时常演出的,这个"刀会"基本上就是北曲,北曲是激昂慷慨的唱腔,所以有些东西,因为艺术的要求,它还是留在那里。那些跟武生有关的,很多是北曲。你有兴趣你先听听刀会,就是关云长单刀赴会,也很好听,不一样。

学生:

我想问一个比较外行的问题,我是学中文的,今天之前完全不懂什么叫戏,只听过京剧,我是濮阳人,听些豫剧,也了解一些秦腔,我今天听您讲南戏四大声腔还有各种各样的腔调,这各种各样的腔调是因为曲风呢还是因为地方方音发音不同、语调不同造成的?

郑培凯:

你的问题问得很好啊。其实是这样,我们说中国的戏曲,从北曲到南曲一直发展到明朝中期的时候,基本上一直是曲牌不一致。曲牌是什么呢,曲牌就是一个曲调,就是一首歌。曲调是固定的,可以因为你的填词有所调整。可以抑扬顿挫,有所不同,这个是最主要的,所以所有的腔调像弋阳腔出来的时候是按照曲牌来的,可是到了不同的地方,因为地方方音和小调的缘故,像河南喜欢唱码头调,不管唱什么一开始都要来个调。同时我们唱曲都会有方音,因为要唱出字来,唱的时候每个字怎么咬字,怎么配这个曲调的时候,在各个不同的地方,都会有所不同。虽然这个戏是弋阳戏,传到湖南、湖北,唱的时候咬字就会有所不同,但我是个伶工,想配合得好一点,有所发展的话,就有了地方戏。所以腔一般是这样的,调是调,腔是腔,咬字是咬字。中国人有趣的是,我们所有地区讲话都有方音,可是我们用的字是一样的,这个就是很有趣的一个现象。那么同一个剧本,可以从这里唱到那里,只要做一些调整。有的调整还蛮厉害的,还加入方言进去,加入方言进去这个地方味道就浓了,地方人喜欢,所以士大夫骂它粗俗嘛。为什么加乡音,为什么不用官话,官话就是洪武正韵啊,我们都用这个。可是我们要注意一个事情,曲调基本上的脉络是这样的,但是用韵,基本上是用那个韵。所以我们也发现,任何一个地方唱地方戏,唱的方式跟讲话的方式是不一样的,包括广东戏,所以很有意思。我以前也不了解这些,但到了广东,听了广东戏就发现,讲话跟白话不一样。当然不一样,因为它有个脉络的,就像所有的中国人,都用类似的官话在那里写书面文字,尤其是古代,文言文的时候,书面文字全中国一样。可是唱戏又不能够全部这样,唱戏对话白口的时候乡音就很多了,因为白口这个地方,它希望观众马上能够了解戏的情节发展,所以其实中国人看戏、听戏,曲文完全不懂没关系。整个环境、白口对话,就知道大概是什么了,唱的是什么词听不懂,听不懂也没那么大关系,因为那是音乐的展现。我们现在是对中国传统的戏曲太不熟悉了,甚至有很多年轻人跟我说根本不知道台上动来动去是在干什么,我说你看过芭蕾么,你知道芭蕾动的是什么么,它当然有意义了。我发现中国年轻的学生,不知道芭蕾动的动作有什么含义就说好啊好啊好啊,中国传统的戏曲动不知道是什么就……为什么有这么大的文化偏见呢?

白若思(Rostislav Berezkin):

从西方的角度看,现在芭蕾是非常现代化的,但 19 世纪初的芭蕾,我们现在也看不懂的。

郑培凯:

芭蕾这个东西呢,基本上完全是只有肢体的,就是舞蹈,完全是身体的动作,这还是有些不同的,我只是举个例子。但芭蕾所有的那些动作都是有意义的,它有它的程式动作。但不能说我看不懂芭蕾的程式动作它就是好,中国传统戏曲的程式动作就是坏的。这不是很奇怪吗?我碰到很多年轻的学生都这样。这其实是有些怪的,所以,这其实是我们的一个障碍。不要说古人有历史局限,我们自己的历史局限,文化局限还很大,所以我觉得这也是吸引我去研究一个原因,应该有更多人来研究。

学生：

老师，我还有一个问题，我家是江苏省南通市的，南通有一种戏叫童子戏，现在一般叫通剧，古代叫傩戏，和民间幽冥的祭祀信仰有关，您说的几种腔调是阳春白雪的那种，是文人戏，您对傩戏有什么看法？

郑培凯：

我一开始时就讲过我们对戏曲的定义是什么，纯粹祭祀性的、没有故事情节没有人物发展这种的今天不讲。傩戏是属于这种，傩戏是属于很古老的，早先的祭祀的系统。它最主要的主脉是跟祭祀、驱邪有关的，所以它是跟宗教意识有关的东西。它在发展的过程中，也吸收了很多民间故事的演出成分，慢慢丰富自己。傩戏中集大成的、已经不完全是傩戏的就是目连救母，目连救母是最大的傩戏。可是目连救母已经发展成一个庞然大物了，同时，我们也要记得，目连救母这个戏很杂乱，各种东西都有，包括王婆骂鸡、王大娘补缸啊，都是目连救母的一个部分。这意思就是傩戏这种戏，跟人们的生活、宗教、民间信仰有关。在某些时候，就是需要这些东西，人觉得活得很害怕，要驱鬼、驱傩，到什么时候就有妖怪来捣乱。傩戏很多是吸取关公戏的，因为关公很厉害，所以傩戏把舞台上的关公戏融进去。

现在云贵还有傩戏，像贵州的地戏就是傩戏。大家看过电影《千里走单骑》么，还闹出过一场官司。张艺谋硬把贵州的戏挪到丽江去了，千里走单骑唱关公的，其实演的是安顺的戏，电影拍完后大家都叫好，说丽江的戏好。结果唱戏的回家不行了，他的同乡亲戚朋友说你出卖我们，侮辱了我们的祖宗，结果唱关公的只好去打官司了，制片说我们是艺术创造，是虚构，不能告我们。那个就是傩戏。傩戏还有一个很有意思的地方是，长久以来，搞戏曲的说中国戏没有戴面具的，其实哪是没有戴面具的？从古就有，就是在傩戏里，各地的地戏都有戴面具的，我们看日本的能剧，就有很多戴面具的，还有很多东南亚的戏，那些樊剧，都有戴面具的。长期以来，就说中国人唱戏是不戴面具的，中国人画脸谱，其实不是，脸谱就是面具转化来的。为什么大家不知道？因为是俚俗嘛，文献没有记得很清楚。再来1949年以后，这些被划为封建迷信，长期以来都是偷偷演，像这些都是蛮有意思的。中国历史源远流长，地很大，人很多，这种东西都非常复杂，人一多就很复杂，复杂的东西就不能说有一个完全一贯的东西，完全一贯的东西那是主流的，还有很多分支，这些也值得我们去研究。这些东西如果你捋清楚之后，可能会发现本来大的阐释是有偏差的。所以我觉得，傩戏是值得研究的，这些东西现在消失得快，消失得快的原因是经济全球化，也没有人要学了。

学生：

老师，我还看到通剧有戏本，有演包公戏的。

郑培凯：

有，这些是什么时候纳进去的，都很值得研究。最早我的一个好朋友，台湾的王秋贵，他联络了很多人一起做，把资料都弄出来了，时间比较早，还记录了很多，那个时候远比现在多。现在还值得做，至少那时候留存了很多材料。我觉得从研究的角度来讲，这个领域是很重要的，我们要尽快保留第一手资料、素材，这是最重要的，因为它流失得太快。一个角色一旦没有人传承，以后就看不到了。这个领域真的值得好好做。我知道复旦大学有这个研究领域。

杨志刚：

有做民俗学的，有做人类学的，都有，但都没有好好整合，大家协调起来好好做一个事情的显示度还没出来。

学生：

您刚刚在演讲过程中，讲到昆剧，我感觉您也是跟主流一样，评价是比较高的，您对昆剧在太湖一带艺术价值的肯定，是在您研究之中对它自身的肯定,还是在研究之前就把它当作太湖一带最高的艺术成就这样去设定的?

郑培凯:

是这样,因为我们研究任何东西,我们都会受到历史文化积淀的影响。就好像我们会说唐诗、宋词很了不起,我们会说陶渊明、王维的诗是什么样的,这是先入为主的。我想昆剧的影响对我们这一代人来说,是从古典文学开始的,因为我们都读过剧本,剧本告诉你这个是当时古典文学成就比较高的,那这个印象是在的。当我们研究了大半辈子,我们也有判断能力,比如说汤显祖写的剧本就是比沈璟写得好。这个其实是我们的艺术评断,这个评断要建立在我们对整个文学艺术的理解上。汤显祖的戏在别的剧种里面也演,也有转变,是不是也有不错的呢,可是好像都没有原作的好,这就出现了一个问题,现在对汤显祖原作到底是什么腔调有争论,有些学者就说他本来就不是为昆腔写的。但到底是不是为昆腔写的,现在不知道,我刚刚说的是他知道昆腔,所以也可以说他是为昆腔写的。可是有一点,重要的是他的戏在舞台演出展现上,还是昆曲的艺术成就最高。可是不是最热闹的,不是。

所以,这些东西有时候不是很公平,文化精英他们特别讨论的,好像就比较高。那么我们不讨论的,我们也喜欢的,也达到了那个境界,有时候关注度不高。这个没办法,比如有些人天生高,有些人矮。有很多东西就是大家长期累积的,也有很多翻案,历史上、文学艺术上,但翻案后大体上还是差不多。所以我了解你刚刚讲的有一点,为什么许多地方戏,好像达不到大家尊崇昆曲这个地位。许多地方戏,在音乐上、声段上,在舞蹈的表现上,在整个发声上就没有那么细致,但没有那么细致就不好吗?我想艺术很多时候追求的就是那种高深的境界。

学生:

我赞同您的观点。我是 80 后,我的长辈们平时也听戏曲,就我个人的观点来看，昆曲是沾了牡丹亭的光，但唱起来太过靡靡之音。所以我有一个疑问，昆曲的推崇到底是什么时候，是它的唱腔真的让人感觉到了艺术，还是在所有地方戏中，它的故事比较动人？

郑培凯：

我现在完全了解你所讲的，我想是这样的，昆曲被大家捧得最高，是从明朝万历年间就开始了，从来没有停过。从音乐角度来讲，我个人觉得京戏是有发展的，可是京戏最主要的养分还是来自昆曲，但不能抹杀它自身的发展。可是京戏在整个表演上，假如希望有一个特殊表演形式的展现，有歌有舞的展现，昆曲还是更能让人赏心悦目。我觉得京戏在民国期间发展出的一些唱腔是有人投入了很大心血，在音乐上有很大成就。像程砚秋唱的程派的戏，在音乐艺术上很多比昆曲的要高。可是，整体而言，就那么几出戏。而梅兰芳后半生花的心血就是铸造"梅八出"，他唱了那么多戏，可是他最后决定集中精神把八出戏唱好，他要把八出戏整个音乐的境界有所提升。比如说西方的音乐家创作出来一个东西比较好，这个要等好久。为什么昆曲得天独厚？因为它从万历年间到康熙年间差不多两百多年的时间，全中国优秀的人都投身去搞那些东西，人的心血不会白费。其实我鼓励年轻人多回头看中国传统的这些材料，然后不是说泥古不化跟着它走，而是这些资源这些材料可以用，好好去发展，去创造一些新的东西。我觉得任何艺术，还是要回到文化底蕴上来，才能真的发展下去。我觉得昆曲很好，但我并不是只听昆曲，我觉得西方歌剧也很好，我在纽约生活了15年，没有昆曲看，西方歌剧也很好啊。每个民族文化都有自己的特点，都值得好好发展，可是要有人进去，还有这些很难，我们跟传统文化割裂太多，大到我们耳朵听到中国传统戏曲，一开始的时候我们都觉得非常陌生，非常刺耳，非常不喜欢。

现在小孩对音乐的接受，西方的东西是比较熟悉的，我们对中国传统的东西很不熟悉，也很不喜欢，在文化上，我们已经不是中国传统的人了，我们是西方传统的，只是还是中国人而已，只是这样的，我们最主脉的，包括我们的思维,都已经西方化了。这是近代 150 年造成的,不是某一个人,不牵扯到爱国不爱国的问题,这是一个历史文化变迁的一个重要的现象。文化是要创造的。

杨志刚:

好,谢谢,今天的话题非常有趣,可以一直讨论下去。首先呢,今天的问题非常重要,我是觉得非常重要,前面我们介绍了郑先生是研究中国文化意识史的,这个概念可能大家在今天讲座之前很陌生,可是听了郑先生的讲座之后,大家就明白了中国文化意识史是从一个很独到的角度切入历史的。涉及到很有趣的历史现象,然后揭示了一些很重要的内容,给大家留下启发。郑先生是我们一直很敬重的著名学者,复旦大学今后更加借力郑先生。这里呢,还给大家提供一些小小的信息,我看在座的各位同学很多还意犹未尽,我就打断了。因为以后还会有更多机会请郑先生来上海来复旦再做交流。这里呢,我有一个小小的包袱,现在还不能完全抖开,学校在策划一件事情,像这样除了课堂时间,我们是不是还有更多的时间,去展现诠释我们的大学精神,比如我们可以用纪录片、视频的形式。我们有计划,可能要拍十个一百集,这么大的工程怎么做?正如刚才郑先生讲的,要有人进去,所以我们要请郑先生进去,做一些重要的核心意义的工作。所以我们以后还有很多机会来和郑先生一起讨论。我觉得听郑先生上课,和他讨论是一件很愉快很幸福的事情。最后谢谢大家,谢谢郑先生!

刚刚郑先生讲过面具的问题,我让办公室把我们文史研究院曾经做过的一个礼品捧了出来,是一个面具,在这里送给郑先生!

郑培凯:

谢谢!谢谢各位同学!

朱小巧 整理
陈妤姝、梁辰雪　校对